中国电视
综艺发展史

罗姣姣　著

中国广播影视出版社

图书在版编目（CIP）数据

中国电视综艺发展史／罗姣姣著．--北京：中国广播影视出版社，2017.11
ISBN 978-7-5043-8009-8

Ⅰ.①中…　Ⅱ.①罗…　Ⅲ.①文娱活动-电视节目—研究—中国　Ⅳ.①G222.3

中国版本图书馆 CIP 数据核字(2017)第 227878 号

中国电视综艺发展史
罗姣姣　著

策　　划　佟　昕
责任编辑　黄月蛟
责任校对　龚　晨

出版发行　中国广播影视出版社
电　　话　010-86093580　010-86093583
社　　址　北京市西城区真武庙二条 9 号
邮　　编　100045
网　　址　www.crtp.com.cn
微　　博　http：//weibo.com/crtp
电子信箱　crtp8@sina.com

经　　销　全国各地新华书店
印　　刷　河北鑫兆源印刷有限公司

开　　本　710 毫米×1000 毫米　1/16
字　　数　185（千）字
印　　张　11.5
版　　次　2017 年 11 月第 1 版　2017 年 11 月第 1 次印刷

书　　号　ISBN 978-7-5043-8009-8
定　　价　29.00 元

摘　要

电视综艺在如今已经发展成为电视节目中最为活跃的一个领域，并且对人们的社会文化生活产生着深刻的影响。电视综艺真正发展的历史并不算长，但却伴随着中国社会和电视事业的大发展而经历了一个急速发展的过程，因此对电视综艺的发展历程进行从纵向到横向的梳理研究就显得很有必要。本文试图对电视综艺的发展历史进行一个较为系统的梳理，从纵向的历史变迁和沿革的角度对电视综艺的每一个发展阶段进行了梳理和分析，同时在每一个阶段里，从横向的角度对电视综艺的发展概况、发展特征以及生态环境等进行较为深入的分析和研究，以期从多角度、多维度去厘清每一阶段电视综艺发展的真实状况和变迁变革。在此基础上，本文也对电视综艺面临的现实困境进行了分析，并试图去找到这些困境背后的原因以及能够解开这些困境的办法。

本文前五章主要是以时间为线索来对中国电视综艺的发展进行梳理和研究，认为中国电视综艺到目前总共经历了五个大的发展阶段：第一个阶段是准备期（1958~1989 年），这一时期，真正现代意义上的综艺节目还没有诞生，但这一时期里中国电视事业的成长和发展，特别是电视文艺事业的探索，都为电视综艺在九十年代的诞生和发展做出了准备、奠定了基础；第二个阶段是起步期（1990~1996 年），这一时期里，电视综艺的概念正式形成，电视综艺的观念也得到了孕育和发展，以《综艺大观》《正大综艺》为代表的综艺栏目相继出现并且开始成长为电视节目的重要组成部分，由于电视综艺的发展，这一时期电视荧屏的娱乐属性不断得到强化，电视综艺也开始了亲民化和社会性的探索，叙事方式和语态开始了明显的亲民化取向，主题和内容也紧跟社会性话题；第三个阶段进入成长期（1997~2003 年），这一时期里综艺娱乐节目开始强势崛起，游戏类综艺节目在这一时期里开始兴盛，相亲交友类节目也在这一时期里得到发展，益智类节目也成为一种主流的节目类型，而在西方国家流行的真人秀节目也在这一时期的中国电视荧屏上开始了探索的脚步，省级频道在这一时期集中上星，以综艺节目为主打的娱乐化内容成为其突破的战略所在，同时这一时期里电视综艺也开始了其市场化和制播分离的探索，综艺节目的商品化属性进一步增强，一些社会化的公司和制作力量也在这一时期里开始出现并发展；第四个阶段可以称作发展期（2004~2011 年），这一时期里电视综艺得到了极大的发展，《超级女声》将中国电视带入草根选秀的时代，也成功引发了一场社会文化的大讨论，素人选秀也经历了一次兴衰更迭，与此同时，才艺类节目、情感故事类节目、脱口秀与访谈类节目、服务类综艺节目等都在这一时期得到了探索和发展，构成了电视荧屏中必不可少的组成部分，这一时期里相亲类节目也实现了再度复兴。素人是这一时期电视荧屏中的绝对主角，电视综艺在电视荧屏中开始变得主流化，而商业化和大片化也成为这一时期电视综艺的重要特征。卫视频道相继崛起，电视综艺也成为卫视竞争中的重要一极，与此同时，行政手段的调控和管理对这一时期电视综艺的发展起到重要的作用，综艺节目的市场属性和商业价值也得到了初步释放。第五个阶段可以总结为爆发期（2012~2016 年），这一时期里歌唱类节目重新回潮，同时韩式户外真人秀节目备受追捧，明星真人秀节目成为这一时期的主流，而其他一些颇具特色的节目类型也有探索。综艺节目数量在这一时期里激增，季播节目成为发展趋势，明星取代了素人占领了电视荧屏，大投入、大产出成为这一时期电视综艺的标配，制播分离也成为电视综艺的一种主流的生产模式。同时，这一时期里，电视综艺的发展处于内外夹击的环境当中，但其已经发展成为卫视品牌竞争的主体，政策调控和管理对电视综艺的发展影响巨大，资本和市场的发展也决定了电视综艺的发展走向。

经过二十多年的发展，电视综艺逐渐从边缘到主流、从幼小到强大，但其依旧面临着不少的发展困境和博弈，原创乏力、同质化严重，都是电视综艺长期以来面临的困境。本文试图在研究的基础之上找到解困的方法，而在电视综艺发展的过程中，市场化和行政化、大众化和精英化之间也一直在进行着博弈，找它们之间的平衡和共生的路径也极具必要性。

目　录

绪　论

第一节　研究目的与意义

电视综艺在当下的电视荧屏中显然已经成为占据相当主流地位的节目类别，在政策、市场、资本等多重因素的影响之下，电视综艺的强势崛起与逐渐主流化成为一种现象性的趋势。电视综艺作为对当代社会文化产生深远影响的一种影像文化产品，在多个维度上都有着深刻的意义、功能和价值，对其进行持续、广泛、深入的探析与研究不仅具有可行性而且极具必要性。

一、研究背景

中国电视自1958年诞生以来，走过了一个曲折发展的道路，而这一路也伴随着电视工作者的艰苦实践和电视理论研究者们在理论层面的不断建设与深入研究。电视这一强大的技术性媒体，从其诞生之日起便承载了多元复合的价值和功能，它既是一种辐射广泛的信息传播的媒介，也是一种感染性和接受度极高的文化与娱乐载体。因其声画结合的特征和广泛的传播能力，电视在几十年中一直占据着大众媒体的核心地位。

依托电视丰富且不断发展的技术手段和创作者在影像创作实践上的不断探索，如今在电视荧屏上呈现的内容已经是丰富庞杂、无所不包，持续刺激和满足着人们的视听感官和精神文娱需求。电视是一个语义极其丰富、手段极其多样而受众又极其广泛的媒介与文化载体，其生长与发展往往具有时代性和社会性。

尽管已经走过了五十多年的发展历程，已经进入一个相对成熟的发展状态之中，新的媒介形态也开始涌现，让电视黄昏说变得甚嚣尘上，但现实却是如今的电视依旧是一个异常活跃的发展载体，变革、创新充斥着这一领域，新的现象和问题层出不穷。电视综艺又是在其中占据着非常重要的地位的一个门类，在改革开放以后，特别是进入 21 世纪的这十几年当中得到迅速的发展，从形态到内涵、从接受度到影响力都极速变化且逐渐占据主流。主流化地位主要表现在以下几个方面：

首先，综艺节目已经成为上星频道竞争的主体和核心领域。上星频道竞争态势逐年增加，马太效应和双虞效应愈发明显，在电视市场容量整体有限的状况下，从观众的争夺到收入的争夺都异常激烈。电视综艺节目依托于市场和机制改革的红利，在近几年进入发展快车道，成为上星频道竞争的核心领域，数量、体量大幅增加，大量的资金、人才、技术投入其中，新现象和新规律相继涌现。

其次，综艺节目大片化、规模化发展，商业价值不断释放，大投入大产出成为标志性特征。电视综艺在近年来投入和产出不断增大，改变了过去小作坊式的生产模式，呈现出大片化、规模化、精品化的面貌，成为电视产业中的一种重要的内容产品。与此同时，电视综艺的商业价值在这一过程中不断得到释放，优质的品牌化综艺节目的商业价值都是数十亿起计，并且在多个维度、层面上的产业开发探索不断。

再次，综艺节目的市场化、社会化发展不断增强，创作主体不断拓展。继电视剧之后，电视综艺也逐渐开始了市场化和社会化发展的道路，综艺节目生产机制和模式得到拓展，社会资本和制作力量开始成长进入，对电视综艺的生产、传播等都产生深刻影响。

还有，综艺节目类型和形态更新换代加快，制播理念和方式不断更新。现象级综艺节目出现的频率越来越高，在内容形态、商业模式和文化层面等多个维度上形成颠覆，新的制作和传播规律不断刷新着创作者和研究者们的固有认知，而这些都与特定的历史、社会、文化和媒介生态环境有着内生互动的关系。

再有，电视综艺对外交流互动频繁，逐渐成为世界电视市场的参与主体。电视综艺已经成为较为开放的一个领域，以电视节目模式（Format）这一创意产品为核心的电视节目市场在 21 世纪以来开始形成并发展壮大，中国电视综艺的创意生产经历了一个从自我探索到模仿借鉴再到融入世界电视模式业的产业链条当中，电视工业化生产水平在这一过程中得到提高，引进来与走出去的现象不再是个案，对外交流与合作的方式和方向也不断深化拓展。

正因为电视综艺的这种日益主流化和活跃性，从业界到学界，从实践到理论，电视综艺在当下开始被倾注非常多的关注。但从学界研究的现实状况来看，与其他大的门类如电视新闻、电视纪录片、电视剧等相比，电视综艺的研究成果尽管也比较丰富，却在系统性、深入性、整体性等方面稍显逊色。

基础理论、应用理论、决策理论、史学理论被看作是电视理论研究和建设的几个重要的维度，每年都有一些相关研究出现，积累着电视理论研究的宝库。史学理论在电视研究领域具有重要的意义。尽管电视的历史并不算长，但其发展的速度却不可谓不快，且变化和发展往往与过往的实践经验有着密切的关系，史论研究的意义因此凸显。记录、呈现过往发展现实、状态和本质，从而总结出有价值的规律、经验、教训，从而指导现实的发展与实践。目前电视领域的史论研究涌现出一些成果，其中不乏系统性、全面性的电视史论，但电视综艺发展史论的研究往往附着于电视史、电视艺术史之中，不仅系统性较弱，而且看上去较为边缘，观照的面度和广度都有待深入。

事实上，出现这种现象无外乎有几个原因：首先，中国电视综艺的真正发展不过是近二十年的事情，进入 20 世纪 90 年代之后，真正意义上的电视综艺才逐渐出现、成长和发展壮大起来；其次，在很长的一段时间里，与电视剧、电视纪录片、电视新闻等类别相比，电视综艺在学理认识上一直处于较为边缘的位置，关于电视综艺的相关系统化、整体性研究一般都是被置于电视学或者电视艺术学相关范畴之下，整体上处于观照不足的状态之中；再次，电视综艺又是一个变化发展极快、实践素材范围和现象相当丰富的一个领域，一方面为电视研究提供了厚实的现实材料，但也为对其进行系统化、整体化研究带来了困难。

但电视综艺的发展确实进入了一个极速前进的时期，电视综艺的主流化地位越发凸显，并且实践也已经有了足够多的积累和沉淀，为对其进行持续、深入、系统的观照和研究奠定了坚实的现实基础。

二、研究目的

对中国电视综艺发展史进行研究，最终的目的是在对电视综艺发展脉络、过程、特征、生态环境等进行梳理研究的基础上，对电视综艺生产、传播、发展的规律进行总结和探究，进而对实践进行指导。基于此，本文对中国电视综艺发展史的研究将以如下几个方面为目标：

首先，对中国电视综艺的发展历程进行较为系统、全面的梳理与总结，在广泛观照的基础上，对其中标志性的现象、事件、问题进行重点分析和解读，尽量做到点面结合。

其次，对电视综艺发展进行纵向梳理的同时，也对其横向上的多个维度进行梳理与研究，如电视综艺本体内容形态的演变、特征，电视综艺的制播模式与体制机制调整，影响电视综艺发展的政策和市场环境，电视综艺所处的社会环境和媒介环境，电视综艺发展过程中的技术变革等，在这样纵向与横向相结合的研究中较为全面系统地刻画出电视综艺发展的脉络和路径。

再次，对中国电视综艺发展过程从整体宏观角度进行探究，将其放置于整个电视发展历程当中进行系统化的观照，同时也从微观事件、现象和人物入手，用鲜活具体的案例记录和总结各个时代电视综艺发展的脉络、特征和规律，以对这一领域的发展进行指引。

三、研究意义

正是在这样的背景之下，中国电视综艺发展史研究在当下不仅显得极具可能性，而且有很强的必要性。电视是一个发展变化极快、更新换代极其频繁的领域，特别是中国当下电视综艺领域的发展就更是如此。在近二十年的时间里，中国电视综艺完成了从不成熟到不断发展成熟、从相对边缘到逐渐主流、从相对封闭到日益开放、从精英化到大众化的过程，并且还在极速前进变化中。

对中国电视综艺发展的历史进行梳理、研究与总结，无论从学理层面还是实践层面都具有深远的意义。从学理层面来讲，电视综艺的史学研究作为电视史学研究的一个重要组成部分，对其进行系统、全面的研究能够填补这一领域的学术空白，记录和呈现这一时期电视综艺节目的发展历程，为后续这一领域的各学科研究提供史料和素材积累；从实践层面来讲，对电视综艺发展史的研究，厘清其发展脉络、发展特征、发展生态环境等要素，探究其发展背后的规律和价值等，都将为电视综艺在当下和未来的发展提供参考、借鉴和指导，一切历史都是当代史，综艺节目史学研究对电视综艺的现实发展必定形成观照和指引。

由于电视行业本身发展速度极快，电视创作的方式和理念往往在几年之内就会完成一次更新换代，电视研究又是一项极具历史性和现实性的领域，对其持续进行研究与观照是题中应有之意。

第二节 研究对象概念界定

一、相关概念界定：电视艺术、电视文艺、电视娱乐、电视综艺的变迁与沿革

在开展中国电视综艺发展的史学研究之前，厘清研究对象显得非常必要，特别对于电视综艺的研究来说，这项工作更是必不可少。尽管电视发展的时间历史并不长，但由于其传播和价值功能的复合性，使得电视内容体现出庞杂多样的状态和特性。纪实与非纪实、新闻与艺术、严肃与娱乐等性质、特色、功能各异的内容都能够在电视上被找到。因电视技术、手段和理念的不断发展，电视内容的类型和样态也在不断发生着变化，这种变化的频率和速度在近年来的电视综艺领域中体现得非常明显。

从电视诞生之日起，娱乐性的内容便占据着电视播出内容的很大一部分比例，电视的声画结合的特性让其成为一种非常便利的娱乐载体，娱乐功能是电视的一个重要功能，在中国电视发展过程中，电视的这种娱乐功能呈现出越来越明显的趋势。作为电视娱乐中的一个重要门类，电视综艺在成长发展过程中越来越受到大众的欢迎。

然而电视综艺在中国也经历了一个独具特色的发展过程，由于历史原因，它的真正意义上的起步和发展始于 90 年代，到如今，电视综艺的概念本身已经演化成一个颇具中国特色的语汇，它属于电视娱乐的范畴，但又不仅仅指向某一种节目类型，而是包含了多种多样的节目类型，它来源于欧美和港台相关电视概念，但又进行了中国式的演化。事实上，如今电视综艺的内涵和外延在中国正在经历一个不断演进拓展的过程，由于电视实践的瞬息万变，以往单一类型概念上的电视综艺显然已经发生了变化，电视综艺的类别、概念、定义、接受范围等都在扩展，并且在业界和学界中逐渐成为某种约定俗成的指代性概念。

事实上，广义的中国电视综艺的概念在每一个阶段都有其兴盛发展的代表性类别，由于发展阶段的不同，在不同时期的电视综艺的内涵和称谓都有所不同。在学术界和业界的研究和实践过程中，有关电视综艺的相关概念并不是十分清

晰，有时甚至是含混不清的，在不同的研究著作和话题语境中，电视综艺的定义和范畴都有所不同，电视艺术、电视文艺、电视娱乐节目等概念都与电视综艺有所重叠或混用。事实上确实很难将这几个概念完全区隔分开来，从历史性和现实性的角度来看，这几个概念既有继承性，又有重合性，都有存在的合理性和必要性。

（一）电视艺术

电视艺术更多是一种学理层面的分类，即在电视研究领域中属于艺术层面的研究面向、维度与方法。在高鑫的《电视艺术概论》中，将电视艺术定义为“电视艺术，是以电子技术为传播手段，以声画造型为传播方式，运用艺术的审美思维把握和表现客观世界，通过塑造鲜明的荧屏形象，达到以情感人为目的的荧屏艺术形态。”可以看出，此定义认为电视艺术是指那些具有艺术属性的电视形态，因此，在此定义之下，电视艺术的形态就包含了电视剧、专题片（含纪录片）、电视文学、音乐电视（MTV）、电视综艺晚会等。高鑫教授对于电视艺术定义的划定和阐述奠定了电视艺术学科成立的基础，也成为电视艺术研究领域的基础性概念。由于被当时的电视实践和电视发展水平所限，娱乐性和平民性更强的电视综艺并没有在电视领域中得到太多观照。

此后很多电视理论著作基本沿用了高鑫教授所总结的概念和类型划分，在此基础上，根据实践的发展会有一些调整、拓展和丰富。如在黄会林主编的《中国电视艺术发展史》教程中，电视艺术的概念基本相似，是指“电视这种技术载体、传播方式、表现形式派生出来的艺术样式。”① 并认为“电视艺术”的概念事实上包含两层含义，一层是电视作为传播工具的“传播”意义上的艺术，是传播艺术学，另一层含义是指通过电视载体、电视表现方式、电视传播特征创造的艺术作品，比如电视综艺晚会、电视专题文艺节目、电视剧等。

在这本著作中，作者指出主要研究对象是第二个层面的“电视艺术”。在这样的概念界定下，作者将电视综艺节目列为电视艺术的一个重要门类加以分析描述，认为电视综艺节目与电视剧、电视专题文艺、电视纪录片、电视动画片、音乐电视、电视广告艺术一样都是电视艺术的重要门类。同时，作者将电视综艺节目分为两大类进行阐述，一种是电视综艺晚会，一种是电视娱乐节目，在本书中

① 黄会林等．电视艺术发展史教程．北京师范大学出版社，2006 年第一版，第 1 页

电视娱乐节目被作为电视综艺节目的一个大类进行阐述，认为电视娱乐节目有广义和狭义之分，“广义的电视娱乐节目，泛指所有能够带给观众快乐的电视节目。”① 而“狭义的电视娱乐节目，是指以电视传播为载体，以节目主持人为中心，以观众（场内、场外）为节目主体，围绕设定的主题开展具有鲜明游戏性游乐活动的电视节目。”② 并认为，电视娱乐节目可划分为综艺游戏类、益智博彩类、资讯类、真人秀类。

（二）电视文艺

电视文艺是颇具中国特色的一个概念，指的是用电视的手段和方式制作播出的文艺类节目，包括电视晚会、电视艺术片、电视文学、电视文艺性栏目等。在中国电视发展的早期，电视文艺节目的概念用得比较多，这跟当时电视节目发展状况有着密切的关系，彼时除电视新闻、电视剧等之外，文艺节目是一大类别，以文化、艺术等为主要内容和审美特征的电视文艺带有很强的审美属性和艺术属性。

在徐舫洲、徐帆的《电视节目类型学》一书中，对电视文艺节目下了这样的定义：“以文学、艺术和文艺演出作为创作原始素材和基本构成元素，在保留原有艺术形式的基础上，运用电视视听语言进行二度创作，具有较高欣赏艺术性和审美价值的电视节目类型。”③ 并按照“艺术种类划分法”将电视文艺节目分为电视综艺节目、电视音乐节目和音乐电视、电视舞蹈节目、电视戏曲节目和电视文学节目。

可以看到，在《电视节目类型学》一书中是将电视综艺节目划分到了电视文艺节目的范畴当中，并且对电视综艺节目下了这样的定义：“充分调动电子的技术手段，对各种传统艺术样式进行二度创作，既保留原有艺术形态的艺术架势，又充分发挥电子创作的独特艺术功能，给观众提供文化娱乐和审美享受的电视节目形态。”并将电视综艺节目分为电视综艺晚会和电视综艺栏目两大类。此外，电视娱乐节目被单独划分为一个大的类型加以分类解读。“电视娱乐节目，是以电视为传播媒介，利用综合性的表达手段，将多种娱乐性元素组合在某一种形式中，在某一时段强化电视的娱乐功能，单纯地使观众身心放松、精神愉悦的

---

① 黄会林等．电视艺术发展史教程．北京师范大学出版社，2006 年第一版，第 77 页

② 黄会林等．电视艺术发展史教程．北京师范大学出版社，2006 年第一版，第 77 页

③ 徐昉洲，徐帆．电视节目类型学．浙江大学出版社，2006 年第一版，第 110 页

电视节目类型。”可以看出这一定义主要是从娱乐节目的功能去定义和划分的，并将电视娱乐谈话节目、电视综艺游戏类节目、真人秀节目、电视娱乐资讯类节目、电视益智博彩类节目五大类划分到其中，我们可以在其中看到很多在当下被看作是电视综艺的节目类型。

在欧阳宏生主编的《电视艺术学》一书中，将电视艺术和电视文艺的概念进行了厘清和划分，认为“电视文艺是就电视节目形态而言的，它是包括电视剧、纪录片、综艺类节目、文学类节目、曲艺节目等在内的所有电视文艺节目的总称。”而电视艺术，在这部著作中认为“则更侧重于关注电视内容‘艺术性’这一性征维度，从艺术的视角来观照电视本体……因此，包括电视文艺类节目、电视新闻类节目、电视社交类节目、电视服务类节目在内的所有电视节目类型都属于电视艺术学的研究范畴。”从此定义中可以看出，电视艺术的概念是从广义的电视内容的“艺术性”这一维度来定义的，而电视文艺节目则是指具体的电视节目形态。

电视文艺的概念从中国电视诞生之日起便开始出现，并且电视文艺节目占据着早期电视的主要内容。在陈志昂主编的《中国电视艺术通史》一书中，将电视文艺作为电视艺术的一个重要门类来进行阐释，认为“从广义上来说，凡是运用电视技术手段对各类文艺进行加工、综合、创造并通过电视荧屏转播的节目都属于电视文艺。我们通常所见的有电视剧（包括连续剧和系列剧）、电视小说、电视散文、电视音乐片、小品、戏曲、各类专题晚会、综合文艺、实况加工、文艺性的竞技节目等。而一般狭义的电视文艺，则是指除去电视剧以外的所有文艺样式。”①

由此看出，不同的学者、不同的时代、不同的社会背景下，对电视文艺有着不尽相同的解读，但总体上来讲，电视文艺的概念从中国电视发展的早期即已诞生，是文化艺术性内容的电视化传播的传播主体，艺术性和审美性是电视文艺的重要特征。在早期电视文艺的概念与分类中，包括电视综艺晚会和电视综艺类栏目在内的电视综艺节目也被划分到电视文艺的范畴当中，当然电视文艺还包括了很多类别，其中的一些，如音乐电视（MTV）、电视艺术片、电视文学、电视晚会等节目类型都随着时间的推移逐渐式微，而电视综艺的内涵和外延却得到扩

① 陈志昂等．中国电视艺术通史．2004 年第一版，第 19 页

展，其内核和特性也是电视文艺所无法包容和概括得了。

（三）电视综艺与电视娱乐

在当下的电视发展的语境之下，电视综艺与电视娱乐是最容易也是最常被混淆使用的两个概念，事实上，要将二者完全区分开来进行使用也确实不是一件容易的事情，绝大多数电视综艺都属于电视娱乐的范畴，这一点毋庸置疑，电视娱乐节目也经常被业界和学界拿来当作电视新闻、电视剧之外的节目类型的统称。

电视娱乐节目更多是从内容的属性和功能上进行划分的一个概念，娱乐大众被看作是此类节目的根本属性。广义上的电视娱乐节目的内涵是异常丰富、包罗万象的，在国外，娱乐节目（Entertainment）是与信息类节目和教育类节目并行的三大节目类型之一，所包含的样式非常多，包括电视剧、艺术晚会、体育、谈话、音乐电视、游戏等类别。显然，中国的电视娱乐节目的概念范畴要比其小一些，是指那些带有很强娱乐性质的电视节目。

而有关电视综艺的概念在以往的研究者中已经下过了很多次定义，上文已经提到了一些学者有关电视综艺概念的总结。从中我们可以看到，电视综艺也是一个随着电视实践发展而不断变化的概念，在 90 年代初期，随着综艺类节目的出现，电视综艺被当作某种特定节目类型而沿用了下来，但是随着电视综艺实践的不断发展进化，综艺节目在当下，显然已经不单单指某一种电视节目类型了。

业界普遍认为，拉动电视频道的三驾马车分别是：电视新闻、电视剧和电视综艺，如此看来，电视新闻和电视剧之外的主流电视节目类型在当下都能够看作属于电视综艺的范畴，包括游戏竞技类节目、真人秀节目、相亲类娱乐节目、娱乐脱口秀节目等。当然，这与当下电视发展的现实状况有着很密切的关系，电视综艺的规模化和大片化发展日盛，电视综艺对频道发展的影响分量日重，而有明星参与的真人秀节目成为一个时期的主流节目类型，这些节目都具有很强的综艺化属性。

电视综艺在当下已经演化成为一种约定俗成的概念和指称，它不特指某一种特定的节目类型，大部分的电视娱乐节目都能够划分到电视综艺这一概念当中，但又不完全等同于电视娱乐节目的概念，是指那些用电视特有的手段和方式制作、传播的具有很强娱乐化属性的非虚构类的电视节目内容。

二、作为本文研究对象之“电视综艺”概念界定

综上，可以看出电视综艺在中国已经逐渐演化为一个颇具中国特色且约定俗成的、相对宽泛的概念。事实上，电视综艺的概念在中国具有很强的历史阶段性，在不同的发展时期，其内涵、外延甚至是名称都不尽相同。电视综艺在中国的真正发展始于20世纪90年代初，电视综艺的概念从港台、日韩传入之后被固化下来并随着实践的发展而逐渐丰富拓展。发展到如今，已经很难去给电视综艺下一个准确的概念，它的内涵、外延、种类还在不断扩展中。

作为本文研究对象的“电视综艺”，以广义上的电视综艺为对象，即目前已经约定俗成下来的，除电视新闻、电视剧这两大类之外的带有娱乐性、非虚构性以及具有自己固定且独特节目样态的内容都将可能成为本文所研究的对象。

如前所述，电视综艺的概念具有历史阶段性和继承性，并且随着电视内容行业理念和方式的不断发展，不断推进变化将成为电视综艺概念的一种常态。因此本文在研究与写作的过程中，在不同阶段将使用不同的表达方式与词汇，以更加准确地描绘出电视综艺在中国发展的历史和现实、过程和结果。

本文研究的对象，是以当下的约定俗成的广义的电视综艺概念为基点，对电视综艺的发展历程进行纵向和横向的双向梳理，将宏观历史研究和微观历史研究相结合，对电视综艺进行整体观照的同时对一些有代表性、里程碑式节目进行着重的研究和分析。因此，尽管本文的研究对象看上去非常宽泛（这也是史论研究的特性和必然性所在），但事实上本文重点观照的研究文本往往具有代表性和典型性，以点见面、从宏观见微观，将是本文研究的特性所在。

第三节　文献综述与研究方法

一、文献综述

尽管中国电视发展的历史并不算长，并且由于历史原因，在起步后的很长一段时间里，中国电视都处于较为封闭和发展较为缓慢的发展状态之中，改革开放以后，中国电视进入快速发展时期，特别是90年代以来，随着经济社会的迅速发展和日益开放，作为大众文化媒介的电视也开始进入了其迅速发展的快车道。从这一时期开始，电视研究者们开始在这一领域投入大量时间和精力，大量有关电视的研究著作和史料在这一时期产生，为本文的研究也提供了宝贵的学术财富。

（一）关于中国电视史、电视艺术史、电视文艺发展史等方面的研究成果

史论研究作为电视研究的一个重要领域，受到不少学者和研究者的关注驻足，目前已经有一些研究成果出现，为电视研究奠定了基础。纵观目前优势领域的史论研究成果，主要分为通史和专门史两部分。

所谓通史即对电视发展历史进行通篇观照，内容庞大、涉及的范围较为广泛，如刘习良主编的《中国电视史》就对中国电视从诞生时的 1958 年到 2000 年四十多年的发展历史进行了整理和研究，是一部颇为宏观的电视史学研究著作。在这部著作当中，编作者们将中国电视发展历史分为了四个大的阶段，即艰苦创业（1958~1966 年）、曲折发展（1966~1976 年）、成长壮大（1976~1991 年）、飞速发展（1992~2000 年），在每一个阶段中，都从历史背景及重大决策、发展概况、节目形态、技术与管理等维度进行了梳理和分析，基本上对中国电视的发展脉络和路径有了一个系统性的梳理。其中有关电视文艺、电视综艺娱乐发展的内容也有所涉及，在各个阶段的发展概况或者节目形态梳理过程中都有所观照。但电视通史的性质决定了这部著作对于电视综艺发展史的观照只是其中的一小部分或者说一个组成部分。

差不多同样在 2000 年左右，另外一部电视领域的通史著作诞生了，由陈志昂主编的《中国电视艺术通史》结束了电视艺术领域缺乏较为系统、全面的专门史的状况，这部著作聚焦于电视艺术领域，总体上是按照历史发展的脉络对电视艺术领域的现象和发展状况进行梳理和总结，同时对一些重要的电视艺术门类如电视剧、电视晚会、电视艺术片等的发展历程进行了重点记录和分析，本书对电视艺术发展史的发展分析有一个相对清晰的线索，对电视艺术的主流门类的发展沿革分析得较为详尽，一些资料和案例也颇具史料价值，为电视综艺的史论研究提供素材和思路，但由于成书时间是 2000 年，文中的一些案例和重点观照的对象从当下的角度来审视，范围还有些狭窄，同时由于历史的局限性，在分析过程中的维度和深度也有待拓展。

由赵玉明等编著的《中国广播电视通史》同样是一部大部头的史论研究成果，在这部著作中，编著者们对中国广播电视的发展历史进行了一次较为清晰的

梳理，史料丰富、内容翔实，是这部著作的一个特点。上起北洋政府时期的广播事业，下到社会主义建设时期的广播电视事业，历史跨度长、关注面广是这部著作的特点。电视是继承广播发展而来的一种全新的媒介，广播与电视的发展具有极深的继承性和渊源，将广播电视的历史结合起来进行研究就具有很强的学理性。这部著作同样为本文的研究提供了史料支持，但由于观照的对象是广播电视，涉及的对象和范围注定电视发展史成为其中的一个组成部分，宏观有余而微观不足，电视综艺的研究涉及的就更是一小部分。

由黄会林主编的《中国电视艺术发展史教程》将观照的范围视角缩小，专注于电视艺术领域，作者按照艺术门类的划分对各门类的发展历史进行分门别类的介绍。其中，作者观照的门类有电视剧、电视综艺节目、电视专题艺术、电视谈话节目、电视纪录片、电视动画片、音乐电视、电视广告艺术，同时在最后一章，作者对中国电视艺术理论建设的历史进行了梳理。而在每一章中作者对该电视艺术门类的类别、形态、特征、发展阶段等进行了系统化分析。电视综艺作为其中的一个重要组成部分，也被作者所观照，分别以中国电视综艺晚会和中国电视娱乐节目为主要梳理对象。

值得一提的是，在作者的定义中，电视娱乐节目被看作是综艺节目的一个新兴门类加以分析研究。并将电视娱乐节目在中国的发展分为了四个时期，分别是：萌芽期（1980~1989 年）、成长期（1990~1996 年）、繁荣期（1997 年至今），著作出版时间是 2004 年，因此研究对象也到 21 世纪初为止，这样的阶段性划分与描述，实际上是对电视综艺的发展有了一个较为清晰、准确的梳理，为本文的研究提供思路，但由于篇幅原因，作者并未对其进行更为详尽系统的研究，有待进一步深化。

由张凤铸、胡妙德、关玲主编的《中国当代广播电视文艺学》同样对广播电视发展历史有一部分的梳理总结，其中在第三章就对当代中国电视文艺的艺术实践进行了分析，将电视文艺的发展分为了起步阶段（1958~1965 年）、停滞与复苏阶段（1966~1978 年）、发展与兴旺阶段（1979 年至今），对每个阶段的发展概况有一个大致的介绍。同时第四章中国电视文艺节目的形态分析中，也对电视综艺节目、电视艺术片、电视戏曲节目等进行了探讨分析，都对本文的研究具有一定参考借鉴意义。但如果从电视史论的角度来讲，不够系统、全面是这本著作有待拓展的地方。此外，郭镇之的《中外广播电视史》，周星、王宜文编写的《影视艺术史》等著作也为电视综艺史的研究提供了观念和资料上的借鉴。

除了电视相关史论的专门性研究著作之外，一些学者的学术论文也是电视史论研究过程中重要的研究成果。胡智锋的《从“宣传品”、“作品”到“产品”——中国电视50年节目创新的三个发展阶段》一文，在中国电视发展五十年的节点上，将中国电视发展分为了三个阶段，即所谓“三品”，一是“宣传品”为主导的阶段（1958~1978年）：多种传媒艺术样式的借鉴、模仿，作者认为在这一阶段，电视作为党和政府的喉舌和宣传工具的特性特别明显，“导向正确、领导满意是节目质量、宣传效果最重要的评价标准。”① 并对电视剧、电视文艺、电视新闻在这一时期的创作特征进行了大概的概括；二是“作品”为主导的阶段（1978年~20世纪90年代中后期）：形式与观念的探索，作者认为这一时期电视从业者的职业化、专业化追求得到了极大的尊重与肯定，在电视形式、观念上追求个性、原创性和独特性，成为这一时期节目创新的突出特点；三是“产品”为主导的阶段（20世纪90年代中后期至今）：市场化、产业化的探索。作者认为这一时期电视传媒市场化程度不断加深，电视的内容与市场、与观众收视日益紧密地结合在一起。“节目创新也是围绕着‘产品’进行的，其评价标准就转化成它的市场价值的实现，比如较高的收视率、较强广告拉动能力或者市场的回收能力、开发能力，能否形成产业链，创造市场价值等。”并认为节目娱乐化、栏目品牌化、频道专业化是这一时期电视节目创新发展的三个主要特征。

与此同时，一些电视研究者针对某一时期的电视热点现象的研究也为本文电视综艺史论的研究提供了理论视野和历史素材。由国家新闻出版广电总局和中国传媒大学共同编撰的《中国广播电视年鉴》从1986年开始以每年一期的频率对广播电视行业的整体发展状况进行记录和呈现，其中大量的数据和实践材料都为本文的研究提供了很好的支持，而在每年的年鉴当中都会有关于电视文艺发展状况的总结和描述，以及每年各频道新开播节目的整理，都是非常好的研究素材。

（二）关于电视理论、电视类型、电视实务等方面的研究成果

要对电视综艺史论进行系统、全面的研究，电视相关研究领域的观点、工

① 胡智锋，周建新．从“宣传品”、“作品”到“产品”——中国电视50年节目创新的三个发展阶段．《现代传播》，2008（04）：1~6

具、方法和研究成果可以形成重要的参考，对厘清研究对象、不同时期的发展特征、身处的生态环境等都有着重要的参考价值。

高鑫、周文所著的《电视艺术概论》，首先对电视艺术的概念进行了界定，"'电视'，是一种信息传播的媒介和载体，主要是传播的功能。'电视艺术'，则是被电视传播的那种艺术形态。"① 最终得出结论，认为电视艺术，就是以电子技术为传播手段，以声画造型为传播方式，运用艺术的审美思维把握和表现客观世界，通过塑造鲜明的荧屏形象，达到以情感人为目的的荧屏艺术形态。在这部著作中着重对电视剧、电视专题片（含纪录片）、电视文学、音乐电视（MTV）、电视综艺晚会等电视艺术形态的发展历程与概况、特征等进行了分析，具备史料价值的同时，也进行了颇具学理性的探讨，为电视综艺史论研究提供了很多的学理性视野。

欧阳宏生主编的《电视艺术学》对电视艺术的发展阶段、社会功能、与外部的关系、与其他艺术的关系、表现形态、语言系统、文学特性、审美阐释、多元风格、主体意识、文化立场、符号学审视、接受美学等维度进行了全方位的探析，第一部分中电视艺术的发展分为了五个阶段，分别是初创阶段（1958~1966 年）、停滞阶段（1966~1977 年）、起步阶段（1978~1991 年）、发展阶段（1992~1999 年）、繁荣阶段（2000 年至今）（注：此书出版时间是 2011 年），对每一个阶段的特征进行了概括，具有一定的参考价值，而此后对于电视形态和语言系统等方面的研究，也为本文电视综艺史论的研究提供了许多学理上的支撑。

徐舫州、徐帆所著的《电视节目类型学》基于丰富的电视实践素材，对电视类型进行了划分、界定，初步建立起一套科学化、标准化、系统化的电视节目类型界定体系，其方法和系统本身值得借鉴的同时，其中对电视文艺节目、电视娱乐节目等较为系统的界定和对其发展概况、特征等进行的分析都为本文的研究提供了重要参考。

除此之外，在一些学术研究著作中对电视某一些特定的门类进行了研究，如尹鸿所著的《娱乐旋风：认识电视真人秀》一书便对国外大量真人秀节目案例进行了分析，系统阐述了电视真人秀节目的策划、开发、制作和经营等相关问

① 高鑫，周文．电视艺术概论，北京广播学院出版社

题，对电视真人秀的发展历史、传播特质、文化背景、类型划分等进行了分门别类的系统介绍，是一部有关电视真人秀节目的重要研究著作。由于当下电视综艺主要以真人秀节目为主要内容，因此此书的研究成果对于本文研究具有重要参考价值。而苗棣、毕啸南主编的《解密真人秀——规则、模式与创作技巧》同样对电视真人秀的历史、特征、叙事特征、类别、制作、社会文化等进行了总结与研究，对本文研究提供更多理论和史料的参考。

电视发展的历史并不长，但却因其实践的丰富性和与社会文化生活的紧密相关性，在几十年的发展过程中产生了丰富多彩的景象，电视理论学者对其进行的研究也积累了大量的材料和成果，特别是各种大众化渠道兴起之后，有关电视媒体发展的各种评论、总结、介绍等在各大渠道发酵传播，本身构成了电视传播的一个重要组成部分。

但是我们也应该看到，对电视史学研究来说，尽管目前相关的通史和专门史都先后问世，但由于历史条件等方面的制约，真正系统、全面的中国电视综艺的专门史还没有出现，而且历史的发展性和前进性注定了史学研究是一个需要不断更新的课题，目前的许多电视史学研究成果还停留在21世纪初，21世纪以来风起云涌的电视实践还需要被记录、研究和保存，特别是当下已经逐渐主流化的电视综艺节目更是需要对其发展历史进行一次系统且全面化的梳理，这是本文研究的空间和价值所在。

二、研究路径与方法

史学研究的一项重要工作便是大量占有文献和材料，因此在开启论文写作之前的大量工作都是从广度和深度上双重入手对资料进行收集与整理。在占有资料和文献的基础上，本文对中国电视综艺节目的发展脉络从整体上进行梳理和观照，并总结出五个发展阶段，这五个阶段分别是：准备期（1958~1989年）、起步期（1990~1996年）、成长期（1997~2003年）、发展期（2004~2011年）、爆发期（2012~2016年）。这五个阶段是基于不同发展状况和发展特征等而总结出来的五个时间节点，基本可以概括和总结出中国电视综艺发展的历史脉络，同时也能够对电视综艺发展的阶段性特征和走向有一个基本的研究和认知。

在每个发展阶段当中，将对基本的发展概况、综艺节目类型、发展阶段性特征以及竞争环境、政策、市场、技术、对外交流等生态环境进行相对较为深入地剖析，以期更加全面、深入、系统地对电视综艺的发展历史进行观照和研究。

逻辑路径既定，本文将采用宏观历史和微观历史相结合的视角，同时采用点面结合的研究和论文写作方法完成本文的框架搭建和最终成文，争取做到相对全面、系统、深入化。本文将采用文献调研法、文本分析法、定性和定量分析法、个案研究法，综合运用艺术学、传播学、经济学等相关理论，从各个维度入手，对中国电视综艺的发展历史进行全面的梳理、总结和研究。

第一章　准备期（1958~1989年）

自中国电视诞生之日起，娱乐消遣功能就是电视内容的一个不可或缺的功能，因此在早期的电视荧屏上，除新闻、社教等节目之外，以电视文艺为代表的节目内容构成了重要的组成部分。在电视的初创期，已经有一批文艺类的节目诞生，虽然它们中的大部分还依附于电影、剧场文艺表演直播等简单形式，但电视工作者们已经开始探索属于电视自身的文艺样态，其中以三次“笑的晚会”为集中代表，为“文革”后电视文艺晚会这种独具中国特色的电视节目样式的发展奠定了基础。在“文革”期间，电视事业的发展也同样遭受到不小打击而几乎陷入了停滞，样板戏和“文革”节目充斥电视荧屏，但是由于电视强大的宣传功能，让其在某些程度上反而受到了重视，彩色电视、录像设备等技术条件就实现于这一时期，制播技术的发展，也为电视事业的复苏和发展奠定了一定的基础。

“文革”之后，电视事业得到复苏和发展，一批电视文艺节目得到恢复和创办，其中央视“春晚”更是以革新的姿态获得观众的认可和追捧，在80年代进行了一系列探索，成为80年代风靡荧屏的文艺节目样态。值得注意的是，在这一时期里，也有一些带有娱乐性和综艺感的电视内容的探索，如竞赛类节目火热荧屏，成为早期益智游戏类节目的雏形，而电视文艺栏目在整个80年代得到进一步的丰富和发展，其中一些带有娱乐属性的文艺栏目也开始出现，这些都为综艺节目后续的发展做了大量的准备。

可以看到，从电视诞生到90年代之前，中国电视经历了一个从无到有的艰苦创业时期，中间也遭受过严重的挫折，80年代受到整个国家改革开放大环境的影响，电视事业也开始兴起发展。电视事业也经历了一个从相对封闭到开放的过程，来自欧美和港台的电视风潮也在对这个时期的中国电视发展产生着影响。

尽管在这一时期的很长一段时间里，现代意义上的电视综艺节目并没有出现，但是不可否认，这一时期里电视文艺的多方面探索确实为电视综艺在90年代的出现和发展奠定了基础，做足了准备，特别是80年代，随着社会生活逐渐的开放和活跃，电视荧屏上也出现了不少带有娱乐和综艺属性的电视节目，而一些文艺类的栏目在进入90年代以后也演化成了经典的综艺栏目，电视的商业化属性也开始得到萌芽和开发，这些都为电视综艺的出现和发展奠定坚实的基础。从电视综艺的历史发展维度去考察，显然这一时期是中国电视综艺的萌芽和准备期，具有历史的必然性，也无法被忽视和略过。

第一节　中国电视文艺的萌芽与诞生（1958～1965年）

中国电视诞生于1958年，从1958年到1966年“文革”爆发，这短短的八年时间，在中国电视史上被看作是电视发展的艰苦创业期。艰苦创业期里，中国电视实现了从无到有的过程，作为一个新生事物，一切都处于摸索的状态。这一时期的中国电视，在艰难的条件和环境下也在很多方面有了积极的探索，为后续的发展奠定了基础。

电视文艺从中国电视诞生的第一天起就出现在电视荧屏上，在初创的八年时间里，电视文艺作为电视内容的一个重要组成部分也跟随中国电视的成长而不断探索进步，经历了一个从简单到复杂、从低级到高级的发展过程。① 演播室实况转播、剧场直播是这一时期电视文艺的主要特点，也尝试进行了录像播出。在内容上则以转播其他艺术形式为主，但也进行了电视化的探索，为电视文艺的进一步发展打下基础。

一、直播时代的早期电视文艺

从电视开播的这一天起，也就是1958年5月1日，当天的电视节目中就安排了电视文艺节目的播出。文艺节目有中央广播剧团演出的《工厂里来的三个姑娘》《大跃进的号角》，北京舞蹈学校表演的《四小天鹅》《牧童与村姑》《春江

① 张凤铸，胡妙德，关玲．中国当代广播电视文艺学．中国传媒大学出版社，2004年5月第一版，第61页

花月夜》。

在北京电视台实验播出的时期里，每周的节目单里就包含一些文艺节目，包括小型歌舞短片和猜谜娱乐节目等。到 1958 年 9 月 2 日正式播出后，小型文艺节目依旧包含在节目的主要内容当中，并且随着电视本身播放天数的增加而增多。

1958 年 10 月 1 日，上海电视台诞生，成为中国的第二座电视台。1958 年 12 月 20 日，哈尔滨电视台（黑龙江电视台前身）也正式开播。地方电视台的建设工作拉开帷幕，随着地方电视台开始相继成立与创办，文艺节目成为其中重要的节目类型。据统计，这一时期的上海电视台和广东电视台，文艺节目的播出量能占到节目播出总量的 70%。①

1958 年 6 月 15 日，北京电视台播出了第一部电视剧《一口菜饼子》。1958 年 9 月 4 日，北京电视台播放了另一部电视剧《党救活了他》。10 月 25 日，新成立的上海电视台首次播出电视剧《红色的火焰》。电视剧成为电视文艺早期探索的重要领域，而在八年时间里各个电视台播出了一百多部直播电视剧。

事实上，虽然电视承担着宣传功能，但此时的人们还是更喜欢在电视上看到更多的娱乐性的节目，人们对电视最初的印象基本上就是一个微缩的影剧院，电影、戏剧是此时电视荧屏上文艺节目的重要组成部分。

而除了电影之外，戏剧转播受到观众的极大欢迎，而早期电视的剧场转播，可以看作是电视综艺晚会的萌芽和基础。1958 年 6 月 26 日，北京电视台进行了第一次剧场转播，对舞台表演的实况节目进行转播，其内容是革命残疾军人演出的一组文艺节目。

1959 年为了庆祝新中国成立十周年，连续举办了五场戏剧晚会，包括著名表演艺术家马连良、裘盛戎、尚小云、荀慧生、谭富英、张君秋、小白玉霜等都相继登台表演，如梅兰芳的《穆桂英挂帅》、尚小云的《双阳公主》、周信芳的《四进士》、马连良和张君秋的《三娘教子》，张君秋、叶盛兰、杜近芳的《西厢记》等，都通过电视进行了剧场的实况转播。此外，歌剧《刘胡兰》、话剧《带枪的人》、粤剧《红楼梦》、舞剧《海峡》，苏联大剧院在中国举办的首场开幕式

---

① 张凤铸，胡妙德，关玲．中国当代广播电视文艺学．中国传媒大学出版社，2004 年 5 月第一版，第 61 页

表演和芭蕾舞片段，以及歌剧《洪湖赤卫队》《江姐》，歌舞剧《刘三姐》，昆曲《十五贯》等都在此时的北京电视台进行了播出。①

1960年北京电视台首次在演播室排练并播出了一台综合性的春节文艺晚会，有诗歌朗诵、相声、戏曲、歌舞等艺术形式，实际上就是后来流行的大型文艺晚会的雏形。1960年，北京电视台600平方米的演播室建成，改善了演播的条件和技术能力。由黄一鹤任编导的音乐专题片《梁山伯与祝英台》在解说词处理、镜头剪辑等方面都做了新的尝试和处理。舞蹈《赵青独舞》、话剧《七十二家房客》、甬剧《半把剪刀》等都在电视手段上进行了很多方面的尝试，相比剧场转播，是更加电视化的探索。

电视晚会在这一时期也开始了探索的步伐，1961年8月3日，北京电视台举办了首次“笑的晚会”，来自北京和天津的相声演员们进行了相声表演。在此后的1962年1月20日和1962年9月30日，又分别举办了第二次和第三次“笑的晚会”，每次在表演内容上都有新的尝试和探索。

1961年1月4日，北京电视台举办了毛泽东诗词大型朗诵会，以庆祝毛泽东诗词的出版，而在同年的7月1日，毛泽东诗词欣赏晚会举办，诗歌配合歌舞，主要是配合政治活动。此后在特定的历史时期里，诗歌朗诵会这一电视艺术形式也会因配合主要的政治活动而不时出现，成为电视文艺的一个重要类别。

1964年12月底，中国电视第一次使用了录像播出的文艺节目，北京电视台用黑白录像机录制了常香玉主演的豫剧《朝阳沟》第二场和京剧《红灯记》中的《智斗鸠山》一场，在1965年元旦文艺晚会中播出。②

可以看到，在电视诞生和初创的这八年时间里，文艺类的内容已经成为电视荧屏中主流的节目内容。尽管这一阶段，电视文艺还处于探索期，很多都是从其他艺术样式中直接搬来呈现的，但电视艺术的本体化探索已经开始。这一阶段，由于技术条件的限制，直播是电视文艺的主要播出方式，尽管面临不少技术条件的限制，但可以看到在这样的艰苦创业期里，电视工作中对于电视文艺内容和样态的不懈探索，丰富了人民群众的生活，更为后续电视文艺的发展奠定了坚实的基础。

可以看到，在电视的初创时期，电视文艺就是电视荧屏上的一种重要的节目类

① 郭镇之．中国电视史．中国人民大学出版社，1991年7月第一版，第19页

② 张凤铸，胡妙德，关玲．中国当代广播电视文艺学．中国传媒大学出版社，2004年5月第一版，第60页

型，丰富着电视荧屏的内容，也受到了观众的极大喜爱，而电视工作者也在艰苦的环境中，在这一时期里对电视文艺进行了一系列的探索和实践。为电视文艺的后续发展储备了人才和经验，同时也探索出了一些规律，为后续的发展奠定了基础。

二、三次“笑的晚会”开启的电视文艺本体化探索

对这一时期的电视文艺进行梳理，从 1961 年开始推出的三次“笑的晚会”是不得不提的重点话题，在物质和精神文化消费都极度匮乏的年代里，“笑的晚会”为电视荧屏带来了一股轻松愉悦的风潮，受到观众极大的欢迎，与此同时，“笑的晚会”在内容形态上的探索也是电视文艺在初创期进行本体化探索的重要组成部分。

（一）三次“笑的晚会”：从高潮到悄然落幕

1961 年，三年经济困难时期进入尾声，大跃进之后，经济工作进行调整，文艺工作也出现了某种松动。6 月，周恩来主持了“新侨会议”，倡导“双百方针”和文艺民主。“笑的晚会”就是在这样的背景下诞生的。

第一次“笑的晚会”在 1961 年 8 月 30 日播出，笪远怀担任电视导演，由北京和天津两地的相声演员参与，内容全部是相声。当时晚会和节目创作的一个重要目标就是要做外面“买票看不到的节目”。据悉，晚会编排是按照青年在前、资深人士在后的方式，北京和天津两地的节目互相穿插，最后是一个群口相声进行压轴表演。第一次“笑的晚会”播出后反响热烈，收到 100 多封观众来信，要求再办，很多人的确是第一次看到这么多电视名家齐聚在电视上。

第二次“笑的晚会”在这样的背景下很快被推出，在 1962 年 1 月 20 日进行了播出。这次晚会由王扶林导演，方针依旧是“买票看不到”。而此次晚会在内容设计上有着许多方面的突破，其中有两个显著的创新，一是将小品搬到了晚会上，二是设置了茶座式的现场。

第二次“笑的晚会”节目内容仍以相声为主，但增加了其他的喜剧形式，小品、独角戏、笑话和洋相都在节目中呈现。晚会还邀请了名演员来做艺术指导，由耿震担任节目总导演。茶座式的观众区设置则参考了国外节目的方式，演播厅被搬进了五六张大圆桌，演员既是表演者也是剧场的观众，活跃了现场的气氛，增加了互动感。可以看到，直到二十年后的 1983 年，第一次“春晚”实际上也延续了这种茶座式的演播厅布置方式。

晚会由北京人艺的方琯德担任节目的串联工作，马季和郭全宝表演了第一个节目《笑一笑》。而演员游本昌表演了诙谐魔术《两个手指头》，在演出进行到一半时饿晕在现场，如今看已经成为这场晚会的一段轶事，随后，侯宝林和郭启儒表演了相声《四大须生》、谢添表演了小品《变脸》，十多个节目依次登场，最后一个节目则是群口相声《诸葛亮请客》，该节目因荒诞剧的表演方法而引发了争议，认为是对当时粮食政策的讽刺而受到批评。第二次“笑的晚会”依旧非常成功，据统计当时收看这台晚会的观众人数仅次于第26届世界乒乓球锦标赛决赛转播。

紧接着1962年国庆节前夕，北京电视台举办了第三次“笑的晚会”。这次晚会由北京电影制片厂导演谢添、相声演员侯宝林担任艺术指导，青年艺术剧院的杜澎担任特邀导演，王扶林任电视导演，金成担任副导演。由于第二次“笑的晚会”中小品的收效显著，于是第三次“笑的晚会”将小品上升为重头戏，降低了相声的比例。

晚会打破历来国庆晚会的做法，以电影和话剧演员表演小品为主要形式，演员阵容在现在看来也非常强大，包括人艺、青艺、北影、上影、中央实验话剧院、八一电影制片厂、儿童艺术剧院、总政话剧团八个单位的演员都参与其中。

节目内容也非常丰富，有王锦愚创作、杜澎代为表演的无实物小品《吃鸡》，成为晚会的高潮；也有北京人艺演员表演的配乐合唱《市井大合唱》，模仿北京小贩街头吆喝声而创作；有游本昌创作的讽刺不肯让座的小品《在公共汽车上》；有一人表演三个角色的独角戏《不速之客》；有讽刺懒人被蚊子骚扰的小品《熏蚊子》；有模拟公鸡下蛋的小品《来亨先生》；还有陈强从延安时期就保留的活宝节目《光棍哭妻》。

值得注意的是，此次晚会上所有表演的节目都没有经过审查，有的更是在演出时临时发生了变动，审查遭到了演员们的一致反对，认为喜剧创作靠的是灵感、表演靠的是激情，审查必然会影响喜剧效果。

与前两次“笑的晚会”不同的是，第三次“笑的晚会”播出后引发了一些尖锐的批评，其中最著名的是一封来自署名为“愤怒的观众”的来信，批评晚会不登大雅之堂，“以廉价的方式向小市民趣味讨好。”① 同时，电视台内部也对

① 郭镇之．中国电视史．中国人民大学出版社，1991年7月第一版，第47页

“笑的晚会”进行了自我检讨和批评：认为第二次“笑的晚会”中有些节目就不该播出，而第三次“笑的晚会”，大部分节目都有问题，思想内容不健康，表演也很粗糙。① 不可否认，经过三次“笑的晚会”的洗礼，观众的要求和期待都提高了，但晚会被批为“庸俗低级”，则与当时重提阶级斗争、意识形态的再度紧缩、社会思潮进一步“左倾”的氛围有着密切的关系。

两年后，“笑的晚会”被扣上了不少政治大帽进行了不少批判。在山雨欲来的“文革”前夕，“笑的晚会”也悄然落幕。

（二）电视文艺本体的初步探索，奠定文艺晚会发展基础

可以看到，三次“笑的晚会”经历了一个从爆发到悄然落幕的过程，与当时的时代背景有着紧密的关系。而“笑的晚会”对于中国电视文艺的本体化探索却有着积极的意义，它是中国电视在早期艰难环境下对自身内容、形态的一种宝贵的尝试和探索。

“笑的晚会”从一开始就确定了轻松愉快的喜剧风格，成为电视娱乐化功能的最初的探索，让人们看到电视这种新兴媒介的魅力所在。而它在三次不断创新的尝试过程中也打破了电视对其他艺术样态简单呈现的状态，试图去建立属于自身的艺术本体和样态。它首次将小品搬上电视舞台，创作了大量兼具现实意义和喜剧价值的作品。它聚集了彼时活跃于文艺界的大量优秀的演员们，创作出众多优秀的作品，并通过电视让广大的观众欣赏。

“笑的晚会”在中国电视诞生的初期，就创造出一种独具中国特色的电视文艺样态，体现出早期电视工作者在艰苦环境下的孜孜不倦的探索。而“笑的晚会”也为后来电视文艺的进一步发展奠定了基础。1983 年“春晚”就是在“笑的晚会”基础上继续创作的，而彼时探索出的许多文艺样态一直延续到当下，依旧发挥着其价值。

第二节 “文革”期间的电视文艺（1966~1976 年）

“文革”十年的狂热，电视文艺的发展同样遭遇了重创，电视文艺的探索一

① 徐天．中国新闻周刊．1962 年笑的晚会：那年的春晚，http：//www.360doc.com/content/14/1103/08/4741021_ 422084705.shtml

度中断，被“四人帮”的文化专制主义统治，变得只剩下一家之鸣、一家独大，样板戏和“文革”节目成为“文革”期间电视荧屏的主题，电视文艺的发展陷入了停滞不前的境地。但我们也看到，电视的宣传功能还是让其在“文革”期间得以继续生存，而在一些制播技术上也有了长足的进步，这些都一定程度上为电视在复苏时期的发展奠定了基础，提供了动力。

一、“文革”节目占领荧屏，电视文艺事业陷入停滞

“文革”的十年动乱让社会经济活动都遭受了重创，而对于刚刚起步的电视来说，也同样遭受着被摧残的命运。虽然电视因其天然的“宣传”功能而没有被完全打压，但是在“文革”的洪流当中，电视事业也遭受到了前所未有的打击，可以说几乎陷入了停滞不前的状态。而电视文艺在这一时期的探索也几近停止，转而被刻板的革命式文化内容所取代，荧屏被样板戏、语录歌以及大量的“文革”节目占领，文艺也开始沦为斗争的工具。

在1965年5月中旬，当时的北京电视台做出了“关于宣传社会主义文化大革命”的一些安排，其中要求文艺节目主要从正面树立典型，宣传高举毛泽东思想红旗的好节目。在随后又制定了有关文艺节目的几项措施，要求编审人员要加强政治责任心和阶级斗争观念，保证电视荧屏上大放鲜花、不播毒草。还要求编选所谓优秀节目，对于一些“坏节目”一律不播。

于是在这一时期，样板戏就成为电视文艺的主要内容，从1965年开始，京剧《红灯记》《奇袭白虎团》《智取威虎山》《海港》《白毛女》，芭蕾舞剧《白毛女》《红色娘子军》，交响乐《沙家浜》等八个样板戏就成为电视台每天转播的内容。而在这一时期，包括转播红卫兵演出的大型音乐舞蹈《毛主席革命路线胜利万岁》，驻京部队革命派问题展示联合演出的歌舞《毛泽东诗词组歌》和《井冈山的道路》等反映“文革”的节目也纷纷上演。这一时期也播放了一批外国文艺节目，这些国家都是与中国交好的国家或团体，如朝鲜大型歌舞《党的好儿女》等。

可以看出，“文革”时期的电视节目基本上都是为配合狂热的政治潮流而诞生的，对于电视文艺来说也是单调的文化专制主义占据了上风，现代革命文艺充斥着电视荧屏，电视文艺在十年里几乎处于停滞不前的状态。

二、制播技术得到发展，为复苏奠定基础

尽管“文革”时期的电视处于单调和停滞不前的状态，但是也应该看到，这一时期里，电视因其政治宣传的强大功能，并没有完全被搁置，反而在一定程度上受到了某些支持。

在“文革”期间电视的制播技术在某些方面得到了发展，其中最显著的表现就是彩色电视在这一时期开始试播。1973 年 4 月 14 日，北京电视台开始彩色电视试播，紧接着，上海电视台也进行了彩色电视的试播。1973 年 10 月 1 日国庆当天，北京电视台正式用彩色播出了国庆游园的活动，彩色电视转入正式播出。

事实上，彩色电视在中国经历了艰难攻坚，从一开始自创制式的艰苦奋斗，到后来尼克松访华带来美国三大广播公司的采访队伍和设备，在此“刺激”之下，最终通过引进技术、设备实现了中国电视的技术改造。而彩色电视的播出无疑为电视内容的发展提供了更好的条件，生动且更贴近现实真实的画面为电视内容的进一步发展奠定了基础。

而在“文革”时期，电视剧场转播的技术也一定程度上得到了提高和精进，较前一段时间工作方法更加细致，提高了节目的质量和水准。而在 1975 年前后，为了抢救国家著名艺术家的传统节目，也用彩色录像设备对一些著名艺术家的作品进行了抢救式的录制，抢录工作也在一些地方电视台中展开，如相声表演艺术家侯宝林、郭启儒表演的保留节目，著名粤剧演员红线女等人表演的拿手曲目等。都用电视的手段为传统文艺做出了具有历史意义的贡献，也为电视的复苏与发展奠定了基础。

第三节　电视文艺的复苏与生长（1977 ~ 1989 年）

随着打倒“四人帮”和“文革”的结束，全国各个领域都开始了拨乱反正，电视领域也一样，在“文革”时期沦为文化专权宣传工具的电视在“文革”结束后得到了恢复和发展，在整个 80 年代，广播电视事业在不断的探索和积累中前进。

作为电视内容的重要组成部分，电视文艺也得了快速的恢复，随着人们生活水平的不断提高，以及经历了十年文化荒漠之后，人们普遍对于电视文化非常饥渴。这一时期里，电视文艺探索不断，取得了辉煌的成就，包括电视剧、电视艺术片、电视文艺晚会、电视文艺栏目等各个领域都在探索前进。

值得注意的是，这一时期里，以“春晚”为代表的电视晚会得到快速发展，成为80年代代表性的电视文艺样式，获得了广大电视观众的极大欢迎，并且这种样态一直延续到今天，长达三十多年的时间，体现出其生命力之强。在这一时期里，大量的带有娱乐化属性的电视竞赛类节目兴起，成为电视荧屏上一道靓丽的风景线，成为80年代人们娱乐文化生活的重要组成部分，而且对后来的娱乐节目内容样态也产生了一定的影响。80年代，大量专门化的文艺栏目兴起，栏目化的传播方式形成了与观众的固定约会，文艺栏目内容五花八门，雅俗并进，为提高人们的欣赏水平和精神文化生活发挥了重要作用。

纵观“文革”结束到整个80年代，人们的社会文化生活逐渐恢复并经历了一个逐渐开放的过程，而电视也随着覆盖面的逐渐扩大和人们物质生活水平的逐渐提高而变成一种真正意义上的大众媒介。电视工作者在这一时期里进行了火热的创业和探索，电视内容本体得到了前所未有的生长和发展，而且这种探索本身并不是封闭的，而是在与外部各种要素的对接和互动中完成的。80年代开始，电视成为人们社会文化和娱乐生活的重要组成部分，在这一时期里，虽然现代意义上的电视综艺并没有出现与大规模发展，但是在多方面的探索已经为其后续的发展奠定了基础，提供了准备，这也是90年代开始，电视综艺迅速出现和发展的原因所在。

一、电视文艺栏目的恢复与创办

1976年开始，“文革”接近尾声，社会生活各个方面开始了恢复和发展，拨乱反正在很多领域展开，电视也不例外。在“文革”结束后，电视也在努力一点点恢复到正常的状态和样貌，改变“文革”时期电视文化荒漠化的状况。这时候，一批文艺节目得以恢复和创办，而电视也开始成为拨乱反正的先锋地，为被禁锢了十年的文化生活提供了动力。

在这一时期里，在电视文艺领域有几个标志性的事件值得关注。首先是在1976年12月21日，《诗刊》编辑部主办了一场诗歌朗诵音乐会，北京电视台进行了实况转播，在这场音乐会上，在“文革”期间遭受迫害的许多文艺工作者都重新登场，许多在“文革”时期被迫害打压的文艺节目也在这场诗歌音乐会上重新与大众见面。这场诗歌朗诵音乐会意义重大，它被看作是掀开了文艺界拨乱反正的序幕。

紧接着，在1978年2月6日，北京电视台在十多年之后又再次举办了电视晚会——第一次春节联欢晚会，许多文艺界著名人士都出席晚会并表演了节目，预示着大众文艺在电视上的进一步回归。

1977年，北京电视台文艺部创办《文化生活》专栏，1977年11月又创办了《外国文艺》栏目，对外国优秀文艺作品进行介绍，这两档文艺栏目的创办是电视文艺回归的重要标志，在多年之后人们在电视上又看到了属于正常审美范式的文艺节目，文艺节目也不再被当作是毒草而被束之高阁，打开了大众的眼界也修复着人们因“文革”而留下创伤的精神文化生活。

北京电视台从1978年5月1日开播20年之际，正式改名为中央电视台。在这一时期里，电视传输的技术也得到进一步发展，电视传播的范围得到扩展，观众基础也不断扩大。

可以看到，在“文革”结束后的几年里，电视包括整个电视文艺都在经历一个恢复发展的过程，尽管步伐谨慎一步步在试探，但被“文革”摧残十年的电视文艺还是得到了喘息和发展的机会，这为整个80年代电视文艺的发展与繁荣奠定了基础。

进入80年代，电视文艺整体上迎来一个发展的小高潮，以电视剧、电视艺术片、电视文艺晚会、电视栏目为代表的电视文艺样态都得到了快速的发展，对于电视文艺本体的探索达到了全新的高度。

1983年，央视春节联欢晚会举办，并且作为现代春晚的样态一直延续至今，此后，各类电视晚会层出不穷，不同部门、不同主题、不同对象的电视晚会纷纷出现在电视荧屏上，成为80年代人民文化生活的一道独特景观，这种节目样态一直延续到今天。而在此时，也有大量电视文艺栏目开播，纵观80年代的电视文艺栏目，既有专题性的文艺栏目，也有综合性的文艺栏目，既有偏重鉴赏性和知识性的文艺专题，也有一部分以娱乐性为主的栏目，而除了中央电视台以外，地方电视台也在这一时期里自办了大量的文艺栏目。栏目化在这一时期得到了确认，让电视文艺开始了固定化的播出样态，并且为其在节目样态上的探索奠定了基础。

二、“春晚”模式成 80 年代电视文艺经典代表

中国人对于“春晚”的熟悉程度恐怕就无须赘言了，“春晚”的记忆整整延续了几代人。从 1983 年第一届“春晚”开始，到如今“春晚”已经走过了三十多年的时间，从最初的全民追捧到后来的褒贬不一，“春晚”承载了太多中国电视的文化进程，无论如何，“春晚”已经成为中国人过年的新民俗，而它在初创阶段的锐意创新的姿态也为后来的电视文艺的发展发挥了引领和探路的作用。

（一）“春晚”以革新的姿态登场，演化为“新民俗”

1983 年春节，中央电视台决定在除夕夜举办一场联欢晚会，并且用直播的方式转播出去，央视“春晚”就此诞生了。事实上，在 1983 年春晚之前，1982 年 1 月 25 日，由 39 个科技出版单位联合主办的《迎新春联欢晚会》就曾出现在电视荧屏上，后来一些“春晚”上的常客也曾出现在这台晚会上。

但 1983 年“春晚”一经推出，在中国电视发展史上无疑是具有里程碑式意义的，它成功开创出独具中国特色的电视文艺样态，为后来很多节目样态的发展奠定了基础，它在 20 世纪 80 年代初期打响了电视文艺恢复发展的头炮，成为当之无愧的新民俗，它也是迄今为止，中国电视荧屏上最长青的文艺类节目，在多个维度上在世界范围内创造着属于自己的光辉成绩。

1983 年“春晚”开创了电视联欢晚会的全新样态，由电视导演黄一鹤和邓在军执导。“春晚”在初创期就开创了很多全新的样态，有些甚至一直沿用至今。首先，首创直播的样态。在 1983 年，电视已经走过了直播时代，录播让节目更加保险，在创作上也更加从容。而 1983 年“春晚”却独创性地进行了返璞归真，再次启用了直播的方式对晚会进行传播。直播在这样一台颇具仪式感的晚会上确实收到了奇效，与观众产生了一种超越时空的真实的陪伴与互动感，让观众更加感受到贴近性和亲切感。直播虽然给节目进程和演员表演带来了挑战，但其效果确实超乎想象得好，因此直播的方式在三十多年里也一直被沿用了下来。

除此之外，1983 年“春晚”也创造性地与观众进行了实时互动，通过电话连线的方式，让观众真正参与到晚会当中，据说现场设立的四部电话忙得接不过来，连线路都烧热了，而在当晚，观众点播最多的也是争议最大的一首歌曲——李谷一演唱的《乡恋》，最后在吴冷西部长的拍板下登场，引发观众的热议。电话点播的方式实际上在“文革”前的广播电视中就有运用，在十年动荡之后，

“春晚”再次将电话点播的方式拾起，并且在大年三十直播“春晚”的过程中运用，这是电视互动的初期的模式，是尊重观众的表现，因此受到观众极大欢迎。

1983年的“春晚”也首次启用了主持人的角色，马季、姜昆、王景愚、刘晓庆成为首次春晚的主持人，他们以轻松活泼的形式穿插在节目当中，起到了穿针引线的作用，而赵忠祥也作为央视主持人在晚会开始进行了简单的介绍和报幕。

可以看到，“春晚”在一开始就是以绝对革新的样貌出现在电视荧屏上的，它带来了电视文艺的新风貌，所创造的多个形态样式对后续的文艺节目也有着深刻的影响，并因其革新性和贴近性而受到观众的欢迎。但值得一提的是，革新的“春晚”却并不是平地起高楼式的新生事物，许多理念和方式都来自于“文革”前的“笑的晚会”，如茶座式的现场布置，增强联欢的氛围，如相声和小品为主力的内容构成等，实际上是一种继承式的革新。

1983年“春晚”大获成功之后，中央电视台以后在每年的除夕夜都举办春节联欢晚会，1984年“春晚”在形态上更加成熟，逐渐形成了“歌舞+相声+小品”的三大类做支撑的内容主体，而1984年的“春晚”也因为众多港台艺人的加盟而契合了当时祖国统一、中华民族大团圆的社会思潮。但在1985年，央视“春晚”却因过于追求创新而遭遇了一次滑铁卢，将场地搬到体育场的春节晚会变成了一场冷清且尴尬的秀，在播出后遭到了很多观众的抗议。但很快从1986年开始，“春晚”就恢复了它本来的样子，并且一直延续至今。

“春晚”在每年的除夕夜里都创造着无与伦比的关注度和话题度，还因收视人数最高的纪录被载入了吉尼斯世界纪录，三十多年来“春晚”陪伴着每个中国人度过一个又一个祥和喜庆的除夕夜，不可否认，它在长时间发展过程中确实陷入了某种困境，在观众心目中的地位也在不断下降，但毫无疑问，它的历史意义和价值是毋庸置疑的。

（二）“春晚”带动晚会类样式火热，却陷入创新困境

“春晚”的走红，成功让电视晚会成为中国电视改革开放最先被发展起来的一种节目类型。以央视“春晚”为肇始，各类型的电视晚会在电视荧屏上大肆兴起。不仅各地方电视台开始纷纷举办春节联欢晚会，也包括各平台、各主办单位举办的各类晚会，包括各类节庆晚会、主题晚会、对象性晚会等纷纷上演。

文艺晚会是独具中国特色的一种电视节目类型，它具有很强的综合性，但基本都以歌舞节目、相声小品等语言类节目为主要组成部分，不同的主题和受众人群，让不同的晚会也呈现出一定的区别，但总体上来讲已经形成了一定的模式样态和审美风格。

“春晚”所带动的晚会类样式可以说在整个80年代成为电视文艺的经典且具有代表性的样态，这种热度也一直持续到了20世纪90年代甚至21世纪，对于电视文艺样态的塑造以及观众审美的培养发挥了重要的作用和影响。

但是我们也要看到，随着时代本身的发展，“春晚”式的电视晚会的样态对观众来说逐渐失去了新鲜感，而其长时间以来保留下来的形态样式也随着时代的发展而显得多少有些老旧和刻板。进入21世纪以来，这类文艺晚会在电视荧屏上基本上都发挥着宣传和导向的作用，政治色彩浓厚，而与真正的大众娱乐越走越远。而曾经辉煌的“春晚”也随着时间的推移，引发了观众不少的挑剔和吐槽，没有办法完全去满足观众的需求。尽管“春晚”在近些年来也进行了不少创新化的尝试，但收效并不是很大。

事实上，人们对“春晚”有越来越多的挑剔其实是多方面原因造成的，不可否认，“春晚”自身确实存在着创新乏力的问题，几十年来一直都延续着相类似的样态，并且这几年来春晚在内容创作上也鲜有优秀作品诞生，与初创时期的春晚相比都有着一定的距离，但是更不可否认的是，整个电视的收视环境和人们的娱乐生活环境也在发生着变化，与80年代文化生活方式普遍匮乏和单纯的时代相比，现在的人们显然有着更多的娱乐渠道和方式，“春晚”的表达方式显然与整个时代的审美潮流也在产生着某种意义上的脱节，要想再现当年的辉煌恐怕没有一次从头到尾的大变革是不可能完成的。

无论如何，作为新民俗的“春晚”依旧在每年的除夕夜陪伴人们过年，而它的未来如何发展目前还无从可知，但它的出现对电视内容的发展来说无疑是一次开创性的探索，并在后来很长一段时间里对电视形态的发展产生着重要的影响。

三、文艺竞赛类节目兴起，成早期益智游戏节目雏形

在80年代的电视版图当中，曾风靡一时的竞赛热是一个不得不提的话题。从80年代中期开始，各种类型的竞赛节目相继在电视上档，大部分都是以智力竞赛为主，当然也有歌唱比赛、相声大赛等文艺类的竞赛，一时间热闹非凡，从当时的收视人数和引发的社会热度来看，相比如今的现象级节目，可谓有过之而无不及。

事实上，这批竞赛节目的热潮是从西方传导过来的，从五六十年代开始，电视游戏益智类节目就开始风靡西方电视荧屏，因其巨额奖金的设置，紧张刺激的比赛进程而风靡一时。这股热潮也在中国电视改革开放的时代里吹了进来，从1985年左右开始，一大批竞赛类节目出现在电视上，形成热潮。

1985年，由上海电视台举办的“卡西欧杯家庭演唱大奖赛”获得极大成功，资料显示，当时的收视率超过了90%。而在1986年的10月，由中央电视台举办的“蒲公英五四青年智力竞赛电视公开赛”，也取得了如今看来不可想象的超过50%的收视率的成绩。

事实上，智力竞赛类的节目从80年代初就开始了探索，1980年广东电视台举办的《六一有奖智力测验》聚焦少年儿童群体，1981年开始中央电视台举办的《北京中学生智力竞赛》也是将镜头对准了青少年。

可以说，重知识性而非巨额奖金的刺激，是中国的竞赛类节目的一个重要的特点。当然，也有一些竞赛类节目在趣味性上做了许多的尝试，在这一时期里，上海电视台的竞赛类节目就注重节目本身的游戏性和娱乐性，如《民间童装电视比赛》《业余电视节目主持人评比》《外国人唱中国歌曲大奖赛》《发明家俱乐部非职务（业）发明电视评选》等，观众在增长了知识的同时，也达到了放松身心的目的。值得注意的是，这一时期上海电视竞赛节目的热潮，还伴随着浓厚的商业氛围和色彩，赞助商可以直接冠名比赛本身就看出这种商业化的推动，因此内容的多元化探索和形式上的趣味化探索就成为一种必然的选择。

值得注意的是，在这一时期，中央电视台也举办了大量的竞赛类的节目，从一般的智力竞赛到各种文艺比赛，竞赛类节目一时热闹非凡。如中央电视台从1984年开始先后举办了“全国电视相声歌手大赛”、“国际知识竞赛”、“‘中华杯’谜语大赛”、“全国电视相声大赛”、“全国业余相声邀请赛”、“‘长治杯’全国曲艺大赛”、“全国戏剧小品电视大赛”、“全国喜剧小品邀请赛”等。[1] 一

---

① 张凤铸，胡妙德，关玲．中国当代广播电视文艺学．中国传媒大学出版社，2004年5月第一版，第89页

方面丰富了电视荧屏，满足了人们对竞赛类节目的审美和观看的需求，另一方面也对相关的文艺领域产生了积极的推动作用。

其中值得注意的是，1984 年开始由中央电视台举办的“全国青年歌手电视大奖赛”在 80 年代也曾风靡一时，并且推出了许多时代歌手，成为电视造星的最早雏形和样态。在 1985 年举办的“第二届全国青年歌手电视大奖赛”上，决赛阶段更是采用直播的方式进行播出，拉近了与观众的距离，将节目推向热度的高潮。

直播被引入竞赛类节目可以说是一大创新举措，通过实时的转播，让观众能够实时体会到比赛进程的紧张和刺激感，同时也便于互动手段的嫁接和运用。实际上观众对于竞赛类节目的热爱，不仅是其中表现的知识或者歌唱等文艺内容，整个比赛的过程更是他们关心和关注的，直播让竞赛的悬念感贯穿始终，观众自然也步步跟随。

可以看到，这一时期里，竞赛类节目的兴起是中国电视开放风气之下的一种产物，它的热度来源于国外，但在中国的电视荧屏上生长出自己具有中国特色和时代特色的特质。而竞赛类节目在 80 年代的发展，虽然很多都有知识性和益智性，但其形式上的娱乐化探索显然已经开始，并且成为娱乐大众的一种手段而存在着，可以说，持续了一段时间的电视竞赛热潮孕育着中国娱乐益智类节目的基因，是早期娱乐益智类节目的雏形所在。

四、文艺栏目多样化发展与综艺娱乐类栏目初探索

80 年代，同样有一批电视文艺类栏目在这一时期兴起，并且一定程度上开始形成百花齐放的态势。栏目化是这一时期电视制播模式的一个重要取向和方式，栏目化不仅让节目更加固定化，而且也为节目样态的探索提供了可能性。80 年代文艺类栏目的出现和发展，丰富了人们的文化娱乐生活，提高了人们的审美鉴赏水准，尽管其内容样态与后来的综艺节目相比，显然都无法归结到一类，但其发展也为后续综艺类节目的发展探索奠定了一定的基础。

1982 年 6 月 5 日，文艺栏目《舞台与银幕》在中央电视台播出，成为文艺栏目的早期代表作品，1984 年开始一大批文艺栏目相继开播，包括《艺苑之花》《曲艺与杂技》《音乐与舞蹈》《周末文艺》等，取得了不错的效果，其中，《周末文艺》更是成为后来的《综艺大观》的雏形之一。

1985 年推出了介绍地方台电视节目的栏目《百花园》和《电视剧场》。1988 年，《周末文艺》分为《文艺天地》和《旋转舞台》两个栏目，《文化生活》栏目则调整为《花信风》，并推出栏目《短剧与小品》。这一时期，地方台也纷纷开办文艺栏目，包括 1981 年广东电视台开办的文艺栏目《万紫千红》和《百花园》，1984 年上海电视台开办的《大世界》和《大舞台》等都是其中的代表作品。

值得注意的是，除了偏高雅的文艺类栏目之外，这一时期里，也有一些偏娱乐化的电视栏目的探索，这些节目多多少少受到港台节目内容的影响，呈现出娱乐化的风格和样态，但由于彼时还并不适应大陆电视的发展和接受状态，因此也没有太大的反响就昙花一现了，例如 1985 年中央电视台开播的《金银场》，由来自台湾的主持人黄阿原主持，被看作是电视综艺栏目化的一个先锋。

这一时期，一些地方台也开始尝试这类偏娱乐化、综艺性的娱乐节目，如山西电视台播出的《场院游戏》，北京电视台播出的《午夜娱乐城》《黄金乐园》《蚂蚁啃骨头》等。从名称上就可以看出此类节目的娱乐化属性和综艺化意味，实际上也是大陆电视不断开放的风气之下的一种产物。但是由于时代背景的限制等并没有引发过多的关注和热议，但无疑，这类节目也构成了电视综艺早期的探索与尝试。

本章小结：从电视诞生的 1958 年到 90 年代之前，中国电视诞生的这三十多年时间里，实际上经历了数次发展变革的阶段，是一个曲折前进的过程，这与整个中国社会在当时的发展进程息息相关。如果从电视综艺的发展维度上考察，这三十多年可以被称为是电视综艺的准备阶段，现代意义上的电视综艺概念在这个大时期里还没有出现，但中国电视工作者们在艰难的环境中所做的一系列探索都为电视综艺在进入 90 年代之后的发展打下了基础，做好了准备。早期活跃于电视荧屏上的文艺类节目以及“笑的晚会”都是这种探索和准备的重要组成部分，而“文革”时期包括电视文艺在内的电视事业虽然遭到了打击，但在制播技术手段上的发展也为后续做了准备，而在整个 80 年代，电视进入了火热的创业期，电视文艺得到空前发展，一些具有娱乐和综艺属性的电视节目也开始兴起发展，电视在与外部交流的过程中不断吸收着新的理念和方式，电视的商业化发展也开始萌芽，这些都为电视综艺在 20 世纪 90 年代之后的出现和发展奠定了基础。

第二章　起步期（1990~1996年）

进入90年代，电视综艺开始正式出现并不断成长发展，这一时期里先后涌现出几档颇具代表性的电视综艺栏目，对电视综艺的本体探索进行开拓和引领。电视综艺从形态到观念的各方面都在这一时期里开始孕育成型，“综艺”的概念正式诞生并得到确认。中央电视台凭借着渠道和资源上的优势，在这一时期里成为电视综艺发展探索的主体，包括《综艺大观》《正大综艺》这两档标志性节目在内的一系列综艺节目在这一时期出现并发展，成为电视综艺本体探索的重要组成部分。与此同时，包括上海东方电视台和北京电视台在内的地方台也在这一时期里开始了综艺节目的发展和探索，并且在整体样态上体现出更强的娱乐属性，为后一阶段电视游戏娱乐节目的崛起奠定了一定的基础。

在这一时期里，电视综艺的崛起发展让电视的娱乐属性得到了确认和强化，电视的娱乐功能开始被挖掘，审美属性也打破了过往相对较为单一的现象，呈现出多元化发展探索的态势。伴随着整个商品化和市场化发展的浪潮，在这一时期里，电视综艺节目的商业属性在一定程度上得到了开发，而品牌化道路也成为这一时期电视综艺发展过程中的一种普遍选择，这些都客观上推动和塑造了电视综艺在这一时期里的样态和审美选择。同时，与开放变革时代背景相映照，中国电视综艺的诞生和成长也是内生性和外部互动作用的结果，既与中国电视发展横向的社会文化和纵向的发展沿革相勾连，也与外部因素进行着不少的互动，既诞生了极具中国本土特色的综艺栏目样态，也将外域流行电视元素嫁接融合，塑造了中国电视综艺阶段性的样貌。

与此同时电视综艺的平民化和社会化的探索，成为这一时期里的重要特征，叙事方式和语态的平民化取向，让电视打破了高冷威严的单一面孔，变得更加寻常和亲民化，而在创作上，电视综艺在这一时期里也在追求着主题和内容上的社会化，让中国电视综艺从初始阶段就打上了深刻的社会性烙印，在娱乐功能实现的同时与整个社会产生勾连互动自此成为一种传统。

第一节　电视综艺形态与观念的孕育成型

进入90年代，随着社会经济的开放和发展以及电视自身在技术和本体探索上的不断前进，现代意义上的电视综艺在这一时期里正式诞生。一进入90年代，几档代表性的综艺节目相继涌现，成为这一时期里电视荧屏上的“明星”，丰富着人们的文化娱乐生活，它们也代表着电视工作者对电视综艺这一类全新的、大众化的节目类型样态的探索与实践。

从1990年开始，经过前一段时间的准备和酝酿，中国电视综艺的概念在这一时期里正式诞生，并且经历过《综艺大观》《正大综艺》等综艺类节目的探索实践，而逐渐为人们所接受和熟知。事实上，这一时期无疑是电视综艺的成长期，但其从一开始就以相当成熟的姿态展现在人们的面前，综艺节目以更加亲民化的姿态而受到全国人民的追捧，与时代背景和社会文化环境产生深度的勾连与互动，而其本体化的探索也在这一时期里得到了深化和拓展。

一、“综艺”概念正式形成

“综艺”从其字面意思上来看就是综合的艺术与艺能。在西方，与综艺一词类似的叫法是Variety，在中国也有翻译为杂耍类节目，这种节目类型在西方起步较早，从20世纪五六十年代开始风靡一时。而在中国，“综艺”一词的使用和流传显然是受到了港台译名的影响。

在90年代初，随着《正大综艺》《综艺大观》等一批综艺类节目的开播，“综艺”的名称开始被引入，从开始作为节目名称而存在，到逐渐发展成一种节目类型的指称。在这一时期，人们通常将那些带有很强综合性的艺能特性且以娱乐休闲为主体功能的电视节目称作电视综艺节目，并逐渐在新闻、纪实类节目、电视剧、谈话类等节目之外，形成了一类独属于自己的节目样态。总体来讲，这一时期的电视综艺节目在形态设计上有一些共同的特征：

首先，板块化的结构设计。这一时期的电视综艺，几乎都采用的是这种板块化的结构方式，每期节目分为几个固定的板块，表现不同的主题和内容。如早期《正大综艺》就包括“世界真奇妙”、“真真假假”等经典板块，《综艺大观》则包括了《请你参加》《天地南北》《海外飞鸿》等众多板块。板块化的设计实际上是丰富节目内容的一种方式，体现了此类节目本身的综合属性，也便于节目不断进行新的设计和调整。

其次，演播室现场观众参与、主持人功能强化。这一时期的综艺节目，邀请观众进入现场进行录制是其一大特点，一方面拉进了节目与观众的距离，更体现亲民化；另一方面也为节目本身营造了一种互动参与的场域，他们一定程度上代表了电视机前的观众，参与到节目当中，有时候还会作为节目内容的一部分而进行深度互动，如现场观众之间的竞猜和打擂等环节。这种现场观众参与的方式在如今大部分的室内综艺节目中依旧被沿用。同样，在这一时期的电视综艺里，主持人的功能得到进一步强化，他们不再是简单的报幕者或者串场者，而是作为节目的核心而贯穿始终。主持人的风格在这一时期里开始变得更加轻松和人性化，每个人都有自己的定位和气质，在节目中发挥着各自的作用，因此在这一时期里也涌现出杨澜、倪萍、赵忠祥、周涛等一大批电视综艺知名主持人。

再次，娱乐化的表现手段与轻松闲趣的气质。在这一时期里，综艺节目的表现手法迅速地丰富与发展，除了文艺节目的表演，还有竞猜、对抗、奖品设计等益智类节目的手段，以及现场嘉宾访谈与互动等方式，从话题选择到形式样态，都呈现出一种娱乐化和轻松闲趣的氛围和气质，电视不再是一种完全紧绷和严肃的状态，开始以更亲切的样貌示人。

这些特征恰好构成了早期电视综艺的内核，也成为那个时候人们对电视综艺的认知和想象。事实上，在90年代初期，综艺节目从类型到样态都远不如今天丰富，但是综艺节目作为电视荧屏上的一个重要类别，其本体价值在这一时期里得到了确定，并且伴随着时间的推移而得到深化与拓展。

二、央视成电视综艺探索主阵地，内容形态的探索扩大化

电视综艺在中国从诞生之日起便以相当成熟的姿态出现，并且一经推出便以其大众化的面貌而受到了观众的极大欢迎，为变革时期的普通中国人带去了更多认识世界的渠道和方式，也丰富了他们的精神和社会文化生活。90年代是电视综艺诞生和发展的时期，在这一时期里先后出现过数档经典的电视综艺栏目，呈现出早期电视综艺的模式和样貌。

90 年代的综艺，则以《综艺大观》和《正大综艺》为典型代表，两档节目几乎同时诞生，呈现出不同的面貌，但都受到了观众的极大欢迎。这两档节目也成为 90 年代初期电视综艺的典型样态，引发了各地方台的大批追随与模仿，构成 90 年代初期电视综艺的独特景观。

（一）《综艺大观》："春晚"常态化，中国式电视综艺文本

1990 年 3 月 14 日，《综艺大观》在央视开播，正式拉开电视综艺在中国发展的大幕。它的前身来源于《周末天地》和《文艺天地》栏目，在 20 世纪 90 年代，《正大综艺》是当之无愧的国民节目，并且在海外世界各地的华人地区有着广泛的影响力。在还没有那么多上星频道和网络渠道的 90 年代初期，人们能够观看到的电视频道并不多，央视就成了唯一的能够被全国人民共同接收到的渠道所在。90 年代，随着社会经济的发展，电视机的普及率大大提高，电视的大众化基础得到确认，而随着社会文化生活的逐渐开放发展，人们对于电视内容的期待和要求也随之提高，这就成为电视综艺节目发展的最基本的动力。

《综艺大观》在这样的背景下诞生，成为中国电视荧屏上第一档真正意义上的电视综艺栏目。它颇具气魄和力度，设计出自己的节目样态，将以往一年一度的“春晚”模式常态化，打造出独具特色的中国式综艺节目样态。

《综艺大观》长期以来一直被人们视为小“春晚”，从节目样态上来看，二者之间确实具有很强的继承性：歌舞、相声、小品、杂技、魔术等文艺样式构成了这档节目最核心的内容，参与其中的演员们也都是“春晚”舞台上的常客；栏目每周进行直播，与电视机前的观众形成实时的互动与交流。但事实上，《综艺大观》内容和形态上的包容性显然更广、更大，“春晚”的主题和内容都集中在辞旧迎新，而《综艺大观》显然可以包罗社会生活的各个方面，时效性和贴近性更强。

《综艺大观》在当时的时代背景下能够受到观众的欢迎是一种必然，而它的出现也带着一种革新化的面貌：首先，它让综艺娱乐节目登陆周末黄金时段，极大地满足了中国人的精神文化需求，并且以电视这种大众文化渠道为载体，成为那个时代人们精神文化生活中的重要组成部分；其次，它开创的极具亲和力和平民化的话语表达方式，成为媒体发展的时代新风，也让观众再次感受到了电视这

种大众媒介的魅力；再次，它开创了独具中国特色的综艺栏目样式，精品化追求获得观众的认可。栏目开创性地将大量具有中国特色的文艺作品呈现在观众的面前，这一时期呈现了大量优质的小品、相声、魔术杂技、曲艺、歌舞作品，并将这些文艺样式进行了电视化的呈现和探索，喜剧和娱乐属性集于一身，并在90年代里为相关领域输送了大量的人才。

《综艺大观》成为90年代电视综艺的经典样态，塑造着人们的精神文化生活和审美范式，对后来很多节目都产生了深远的影响，这种影响甚至延续至今。但随着社会环境和媒介生态的发展变化，《综艺大观》也不可避免地陷入了创新乏力的困境当中，在经历过几个不同的发展阶段以及伴随其中的改版之后，《综艺大观》在2004年10月正式停播，被更具活力的《欢乐中国行》取代，这档中国电视综艺的里程碑式的节目正式落下帷幕。

（二）《正大综艺》：游戏益智节目拓荒，开放时代里的电视镜像

差不多与《综艺大观》同期，央视另外一档综艺栏目《正大综艺》也于1990年4月21日开播，成为90年代初期另外一档代表性的综艺栏目。与《综艺大观》相比，《正大综艺》要显得更“洋气”一些，“不看不知道，世界真奇妙”，从其口号中就能感受到它的开放性和世界性。在很多人的记忆中，一直将《正大综艺》定义为一档旅游节目，这正是与其介绍世界各地风土人情、文化风貌的题材和主旨相吻合，而从节目形式上来看，《正大综艺》其实是一档游戏益智类节目，只不过将主题和内容对准了全球文化。

《正大综艺》推出后，受到了观众的极大欢迎，在每周日的晚上成为人们必点的一道电视大餐。究其原因，与这档节目的内容和形态上的时代性和社会性有着密切的关系：首先，节目聚焦世界文化，满足了彼时刚刚开放国门之后普通观众了解外面世界的社会心理需求，在《正大综艺》中，主持人带领观众走出国门，到世界各地去探索不同的文化和风俗，兼具探索性和文化科普性，让彼时还没有能力轻易走出国门的普通人通过电视实现“环游世界”的梦想；其次，节目采用游戏益智的形式，将流行于西方和港台的娱乐节目样式借鉴嫁接过来，用竞猜、设奖等方式增加节目的戏剧性和悬念感，同时每期邀请明星嘉宾参与到节目的益智问答当中，实际上是以一种更轻松愉悦的方式达成寓教于乐的效果；再次，商业化和品牌化的路线，让《正大综艺》聚拢了更多的资源，助推了节目

本身的发展，节目最初由正大集团赞助播出，在如今看来，是一档不折不扣的品牌定制化的节目，商业化的尝试让节目多了一重发展动力，也让节目从一开始就颇具开放性特色。

《正大综艺》是时代的产物，它也因其开放性和开拓性而成为反映时代的一面镜像，在改革开放初期，让渴望了解外面世界的中国人有了电视这种与世界沟通的桥梁和媒介，集娱乐性和知识性为一体，并且在商业化和品牌化上多有探索和尝试，成为90年代初期电视综艺的另一个典型代表。而《正大综艺》的开拓与发展也为后来一系列游戏益智类节目的发展奠定了基础。

而同样随着时代的发展，《正大综艺》在经历了数次更迭之后还是陷入了不可避免的衰落，无法再复制当年的辉煌。在如今的电视荧屏上，《正大综艺》依旧以各种节目样式而存在，如《正大综艺墙来啦》《正大综艺谢天谢地你来了》《正大综艺吉尼斯中国之夜》《正大综艺脑洞大开》等，可见央视对这档品牌栏目的珍视。

（三）综艺类节目探索的泛化与扩大化

以《正大综艺》和《综艺大观》为代表，这一时期电视综艺节目迅速起步与发展，相关的电视综艺节目大批涌现。中央电视台是这一时期电视综艺发展的主力，凭借着其渠道和人才上的优势在综艺节目上探索颇多。仅中央三套在这一时期里就先后推出《曲苑杂坛》《艺苑风景线》《欢聚一堂》等栏目，实际上都是综艺节目类型上的探索，它们中的很多栏目后续逐渐开始向着专业化的方向发展，如《曲苑杂坛》专注于曲艺等，《中国音乐电视》则聚焦于音乐电视（MTV）。

地方电视台也在这一时期进行着积极的探索，以上海东方电视台为代表的地方台在综艺节目的探索上步伐迈得更大，得益于对外交流的便利性和文化上相对领先的开放性，上海东方电视台在90年代初期开播了《快乐大转盘》，被看作是中国首档真正意义上的游戏类的娱乐节目，北京电视台在这一时期也开播了《黄金乐园》《开心娱乐城》两档娱乐类的节目，从名称便可以看出来，这类节目带有明显的娱乐化的属性。这类节目在港台和国外电视节目发展的影响下诞生，并为90年代后期一系列游戏娱乐类节目的兴起奠定了基础。

第二节 娱乐属性强化，内生与外部互动生长

在20世纪90年代初期，电视综艺节目在中国刚刚起步萌芽，但不可否认其创造力和影响力都是巨大的。这与社会和时代的开放和发展有关，电视逐渐成为最广为接受的大众媒介，成为人们获取资讯、接受教益、娱乐消遣的第一媒介，电视综艺作为电视内容的重要组成部分，因其娱乐性和亲民性而受到大众的欢迎。在这一时期里，电视综艺开始有了商业化发展的探索，节目内容的商业属性得到了一些开发，而在这一时期里品牌化理念进入电视综艺，品牌化运营成为许多节目的选择。中国的电视综艺生发于自身的土壤，立足于中国电视和社会文化的现实，并且探索出了独具中国特色的电视综艺发展模式，但随着社会文化生活的越发开放，与外部进行交流的机会也越来越多，电视综艺也在有意无意地吸收世界各地节目发展的精华，以完成自身的本体化探索。

一、娱乐属性强化，审美属性多元探索

在20世纪90年代之前，中国的电视荧屏已经得到了一定程度上的丰富和拓展，特别是以电视剧为代表的节目样态在整个80年代的探索和崛起，实现了电视艺术本体形态的探索，并且不断丰富着人们的社会文化生活。文艺类栏目在80年代也有诸多实践和探索，满足着人们对文艺内容的审美需求，但纵观80年代文艺栏目的实践探索，基本还是以专题性的文艺赏析和鉴赏为主，内容形态较为固定单一，同时审美取向也相对高雅，节目的功能基本以教化为主。进入90年代，电视综艺类节目出现并相继崛起，与80年代的电视文艺栏目相比，这类节目显然在形态、风格等方面都进行了全面的革新。

首先，90年代初期电视综艺的出现和崛起，开始将电视的娱乐属性与功能放大和确认。从电视文艺到电视综艺，从其节目类别名称的转变上就可以看出其娱乐功能的强化，从此中国电视开始经历一个从阳春白雪向下里巴人的转变过程，电视综艺从内容到形态上在这一时期里都得到了极大丰富，成为满足人们社会文化生活的一个重要渠道和载体。人们收看电视综艺节目的目的，娱乐消遣开始占据了很大一部分的比例。例如，《综艺大观》将各式文艺节目变得日常化，

而不再局限于某些节庆日或者主题之中，并形成固定的约会和伴随。《正大综艺》将人们日常生活中的游戏和竞技的方式引入节目当中，并邀请大量明星参与其中，明星以普通人的身份去和观众一起答题竞猜，从内容到形式，综艺节目都在完成着电视这种大众媒介的世俗化和日常化，娱乐化功能开始得到不断强化。

其次，审美属性多元化发展也是这一时期电视综艺发展带来的一大特征和必然结果。90年代，随着电视机的普及，以及央视多个频道先后上星播出和地方台的火热发展，电视对中国的家庭来说不再是一件奢侈品，而是每个家庭都能够消费享受的必需品，电视播出的常态化以及日常化就成为一种必然的趋势。综艺类节目在这一时期的出现和兴起，与这样的背景和趋势息息相关，是电视全面大众化取向的一种标志。这一时期的电视审美属性开始呈现多元化发展的态势，综艺类节目也在引领和参与着这样的审美属性的多元化过程，高雅与通俗并存、精英文化与大众文化并行、仪式化接收逐渐向日常化伴随过渡，人们的观念开始发生转变，不再对电视做出一味地高雅化的要求，阳春白雪与下里巴人都可以共融共生。

二、商业属性得到开发，品牌化成发展之道

电视综艺类节目在这一时期出现并迅速成长，这与90年代初期人们对社会文化内容需求的极大释放有着密切的关系。90年代是一个变革的时代，市场经济逐渐被确认，商品经济的浪潮在这一时期席卷而来，中国开始逐渐进入消费社会。这样的社会背景，对电视内容的成长与发展也势必产生不小影响，实际上二者是在互动裹挟之中共同前进的。

以综艺节目为代表的大众电视样本，从其发展之初就并没有排斥这种商品化和消费性的影响，一定程度上在积极地与之发生着互动。电视广告在此时已经不再是令人感到新鲜的事物了，人们已经能够接受电视台一定程度上的商业化和市场化的运作和回收，而电视综艺节目则因其形式内容的灵活性和大众性，在这种商业化的开发上更多了很多的便利性。电视综艺节目开始登陆黄金档，因内容形式的革新以及与时代背景的契合受到极大的欢迎，受到企业和广告主的追捧成为一种必然结果。事实上，在这一时期里很多企业开始进驻电视综艺，如正大集团对于《正大综艺》的赞助和扶持就是典型的例子。而在很多综艺类节目中，企业和广告主往往以被邀请嘉宾、现场观众等参与主体的身份而进入，深度植入节目内容当中。

与此同时，随着电视综艺节目的不断兴起，受到观众和市场的认可，电视栏目的品牌化发展也开始成为一种普遍的共识。电视栏目都在通过各种方式塑造和树立着属于自己的形象标志、品牌认知。品牌化一方面有利于观众在众多内容当中完成选择，在这一过程中电视内容本身的质量也不断得到提高；另一方面也有利于栏目本身的市场化开发和探索。这一时期的电视综艺栏目都在进行着品牌化发展之路，这为栏目本身的发展也提供了更多的动力，如《正大综艺》口号“不看不知道，世界真奇妙”本身就标榜了自己的栏目品牌取向和属性，而《综艺大观》也通过主持人、直播方式的启用、内容作品的打磨等方式实现着自己的品牌建构。

三、内生性与外部互动下的综艺成长路径

电视综艺在中国的起步、成长与发展有着自己独特的路径，多种环境和因素的作用和影响，成就和塑造了中国电视综艺在各个时期的发展样貌。但对于起步和成长期的电视综艺来说，无疑是在内生和外部互动双重作用下的一种结果。

首先，中国电视综艺的成长具有很强的内生性，中国的社会文化背景与艺术文化传统，以及中国电视的发展沿革的轨迹等，都成为电视综艺在90年代初期成长发展的动力和影响因素所在。例如，《综艺大观》《曲苑杂坛》等节目都将传统的曲艺、小品、相声、歌舞、杂技魔术等艺术形式作为表现的对象，实际上这样的方式样态，就继承自中国传统的电视晚会艺术样态，从“笑的晚会”到“春晚”逐渐发展出中国特有的晚会艺术样式，进而被这类节目所吸收和发展。

其次，电视综艺的成长发展也离不开与外部的交流互动，其生长发展的路径并不是封闭的，而是一个不断走向开放的过程。一方面，港台和国外的娱乐节目样式开始进入电视工作者的视野，对栏目的策划与制作产生着多方面的影响；另一方面，电视综艺娱乐节目也在与社会性主体和资源进行着嫁接，打破着电视创作与生产相对封闭的状态，为自身的发展提供着动力。

第三节　电视综艺的平民化和社会性探索

电视综艺在这一时期的成长与发展与社会文化背景有着紧密的关系，而电视

综艺自身的发展也在一定程度上推动着社会文化的前进与变迁。纵观这时期的电视综艺节目的发展，在许多方面都体现出开创性和革新性，不同的节目也有着不同的发展特征。但总体来讲，这一时期电视综艺能够兴起发展与其普遍具有的平民化取向和社会化探索密不可分。

综艺节目在这一时期里的出现，实际上是中国电视转变叙事和话语表达的方式的一种集中表现，以往很多电视内容的传输是一种从高到低的过程，权威和庄重有之，却显得亲和力不足，这一定程度上是革命文化文本的一种延续，与电视还称不上是大众文化的现实也紧密关联，而电视综艺节目就是在试图打破这种传输上的不对等关系，建立一种更加亲和与日常化的叙事表达模式，完成平民化的取向。与此同时，电视综艺节目也在与社会环境本身发生着勾连和互动，从主题、内容上来看都试图打破自我化的疆界，紧贴甚至是引领社会潮流的发展。

一、叙事方式和语态的平民化趋向

每一种节目类型都有着各自不同的话语表达方式，而在每一个历史阶段里，每种电视文本的表达方式也不尽相同。电视综艺在90年代初期的成长期里，也在探索着属于自己的叙事和话语表达方式。可以看到，在这一时期里，电视综艺叙事方式的平民化成为一种显著的取向，这种平民化取向表现在多个方面：

首先，节目形式追求娱乐化，一些诸如竞赛、比拼、游戏、奖品设置等娱乐化的手段开始被引入综艺栏目当中，轻松愉快取代了相对的端庄严肃，电视综艺开始从样态上变得亲民化。

其次，主持人语态和功能的亲切化，主持人开始在综艺节目中承担更多的功能，他们也成为参与节目的重要主体，而这一时期在主持人的选择上也向亲民化转变，无论是相貌还是话语表达方式，亲和力是最重要的，这一时期涌现出的很多知名的电视综艺主持人如杨澜、倪萍等都是这种亲和化的代表，他们中的很多人甚至不是科班出身，却以邻家朋友的身份带领观众进入节目中，也因此获得观众的喜爱。

再次，注重互动性，打破电视单向传播的方式也成为这一时期电视综艺叙事方式上的一种普遍选择，观众不再被排斥在电视荧屏之外，而是通过一些渠道的搭建让观众真正参与进来。例如《正大综艺》中通过奖品设置、现场观众参与等方式让普通人参与到整个游戏益智的过程当中。而《综艺大观》直播模式的开启其实就是为了从心理到形式上都打造出一种强烈的互动性，与观众实现深度沟通与关联。

可以看到，这种平民化和亲民化的叙事方式的选择让电视综艺栏目在这一时期迅速获得观众的认可，它不高冷，相反显得很接地气，实现了与观众的贴近，也在一定程度上引领和带动了电视叙事方式的转变。

二、主题与内容的社会性追求

90 年代是一个开放变革的大时代，社会发展潮流和走向风起云涌，市场经济和商品经济崛起，影响着人们社会生活的方方面面。这种时代变革的背景对于电视综艺的成长与发展实际上也有着强势的推动作用，同时也影响着电视综艺内容和形式的发展走向。

主题与内容的社会化是这一时期电视综艺发展的一个重要特征，与时代风气和社会思潮紧密关联。电视综艺的娱乐化功能的实现建立在社会性勾连互动的基础之上，这已经成为中国电视综艺创新发展的一种传统，事实上，这种传统可以追溯到电视综艺的初创成长期。

由于开放发展的社会背景，以及人们渴望认识外面世界的社会心理，让《正大综艺》在 20 世纪 90 年代成为电视荧屏上综艺节目的经典代表作；紧跟社会话题，打造贴近社会生活的作品，甚至对社会风潮实现引领，这也是《综艺大观》在这一时期成为当之无愧的国民综艺的重要原因，在《综艺大观》十几年的发展过程中产生了大量优秀的喜剧和戏剧电视艺术作品，推出大量优秀的电视喜剧和戏剧人才，实际上都与其社会化的创作取向息息相关。

本章小结：90 年代是中国电视综艺成长期，经过上一时期三十多年的探索发展，电视综艺的概念在这一时期里正式被确定，而电视综艺的本体化探索也随之展开。以中央电视台几大率先上星的卫星频道为阵地，电视综艺节目在这一时期里开始迅速成长与崛起，几档代表性的节目相继出现，引领了电视综艺的发展，而地方台也在综艺领域耕耘，都为后一阶段的电视综艺的发展奠定了基础。电视综艺的娱乐化属性在这一时期得到确认，娱乐成为电视功能的一个重要组成部分，电视的审美取向也进一步多元化发展。而在这一时期里电视的商业化属性也得到了初步的开发，品牌化发展成为电视综艺在这一时期里的普遍共识。电视综艺的诞生和成长是内生性和与外部的互动的产物，兼具民族性和开放性。而在电视综艺的起步期里，平民化和社会化的取向也成为电视综艺节目的普遍选择，塑造着电视综艺的样态，也助推电视综艺在这一时期的迅速发展。

第三章　成长期（1997~2003 年）

进入 90 年代后期，随着媒介生态环境以及人们社会文化生活上的持续变迁，中国电视综艺在这一时期也迎来了自己的一个成长发展时期。随着“综艺”概念的出现和形成，无论是电视工作者还是电视观众，都开始将更多的视野倾注到这一更具大众化基础也更新锐创意的节目类型上。事实上，90 年代同样是中国的电视新闻和电视剧大发展的时期，中国电视综艺也乘上了这样的发展机遇期，并且逐渐发展成了其中最活跃的一部分。

这一时期里，央视以及以湖南为代表的省级卫视在综艺节目的探索上并驾齐驱，先后诞生了多档代表性的综艺节目，同时在综艺节目的类型探索上也进一步深入推进，电视荧屏在这一时期里逐渐得到了丰富。总体来讲，这一时期里综艺节目的发展走向沿着两条道路向前延伸：一条是游戏娱乐类的综艺节目，明星参与、集游戏和流行歌舞表演于一体；另一条是益智类的综艺节目，普通人参与，知识性和游戏性并存。此外，在这一时期里也有其他节目类型的探索，如婚恋交友类节目的兴盛以及真人秀节目初步探索，都构成了这一时期电视荧屏综艺节目发展的丰富版图。

省级电视频道在这一时期里相继完成了上星，面对更广阔的全国市场，拿什么去投入竞争就成为所有卫视频道面临的问题，具有广泛的受众基础以及打破地域文化藩篱特质的综艺娱乐节目就成了首选，特别是随着湖南卫视推出一系列代表性综艺作品并迅速占领全国市场之后，各大卫视都看到了这种娱乐化的综艺节目所带来的效应，娱乐化突围成为这一时期里很多卫视频道的一个战略选择，尽管娱乐化的定位与主流文化和精英文化的电视传统价值一直在发生着博弈，这样的战略也是在长期的半遮半掩与左右摇摆的状态中被默认与接受的。但不可否认，综艺节目确实为这一时期省级卫视在全国市场中开拓耕耘立下了汗马功劳。

在这一时期里，港台、欧美成为中国电视综艺创新发展的策源地，从港台传过来的游戏娱乐节目和婚恋交友节目，从欧美承袭过来的益智娱乐节目和真人秀节目的流行样本，都为中国电视综艺的发展提供了创意和制作的动力源泉，从这一时期开始，电视综艺开始拉开了与港台和欧美电视娱乐互动对接的序幕。

而伴随着市场经济和商品化进程的推进，电视行业也在这一时期开始了市场化的探索，综艺节目内容生产的市场化和社会化在这一时期里开始成为一种趋势，一批民营制作力量开始崛起，推动着电视综艺的发展，成为综艺领域制播分离的初步探索，尽管受到政策、市场本身成熟度等因素的制约影响，这种制播分离也遭遇了不少的挫折，但无疑这种市场化的全新的生产方式的探索，不仅为当时的综艺行业的发展带来了强劲的活力，也为行业制播分离在后续的进一步发展奠定了基础。

第一节　综艺娱乐节目强势崛起

如果说20世纪90年代前半期，还是电视综艺娱乐节目的初创和起步期、是综艺节目从概念到形态逐渐确立和探索的时期。那么到了90年代后半期，电视综艺已经开始登堂入室，并逐渐强势崛起，成为卫视起步、发展和突围的重要武器，从节目形态到生产制作都进行了前所未有的成长和发展。

这一时期里，综艺节目从数量到类型都得到极大丰富和扩展，受到港台和欧美国家电视潮流的影响，中国电视进行了一系列的本土化探索，港台和欧美的流行节目样态在这时期的中国电视荧屏上相继上演，其中一些更发展成为具有时代价值的标志性作品，并引发了综艺节目发展的潮流。

各省级卫视在这一时期里几乎都在积极进行着综艺节目的发展和布局，其中以湖南卫视为典型代表。在改革的主推之下，湖南卫视在上星之初就相继打出了两档综艺王牌节目《快乐大本营》和《玫瑰之约》，一改过往落后土气的面貌，成为全国省级卫视中新锐时尚的代表，引发各大平台的跟随和复制，并在此后数年里持续引领着中国电视的发展走向。

中央电视台在这一时期里依旧是中国电视综艺发展的重要引擎，特别是经济频道在这一时期里打开了视野，做了不少的创新探索，《幸运52》《开心辞典》成为这一时期里出现的家喻户晓的益智类综艺栏目，它们吸收了欧美国家强劲的电视益智风潮，同时进行了恰当的本土化改造，实现了益智与娱乐的融合和嫁接，成为综艺节目发展过程中里程碑式的代表作品。

可以看到，综艺节目在这一时期呈现出的强势崛起的姿态，以新锐且富有创新性的面貌丰富着中国的电视荧屏，也开始成功引领社会的大众和流行文化走向。综艺节目在这一时期的崛起是以一种更时尚化和大众化的面貌出现的，并且伴随着强烈的商品化属性。中国电视浓厚的精英主义取向和气质开始被打破，电视开始成为大众文化和商品文化的主要阵地，精英主义的惶恐和失落在所难免，电视综艺的娱乐化取向也因此遭受攻击和诟病。无论如何，电视综艺的强势崛起成为20世纪末、21世纪初中国电视发展的一个时代性的特征，而其中诞生的代表性作品又成为无法割舍抹去的时代坐标，值得深入地记录和探究。

一、《快乐大本营》带动游戏类综艺节目兴盛荧屏

《快乐大本营》是中国电视综艺发展史上一个绕不过去的坐标，它诞生于20世纪，一直延续至今，依旧保持着强劲的生命力，成为中国电视综艺发展史上当之无愧的常青树。《快乐大本营》开播于1997年，在湖南卫视上星半年之际，短时间便让湖南卫视聚焦了大量的关注，实现迅速的成长。

《快乐大本营》的内容形态创意受港台特别是台湾综艺节目的影响，将明星互动游戏与文艺表演穿插起来，让明星在游戏中回到更寻常的状态和形象。在十几年的发展过程中，《快乐大本营》经过了数次的改版与创新，也经历过发展的高潮与低谷，如今，节目的样貌发生了不小的变化，但其本质和内核事实上一直延续了下来。

《快乐大本营》让“草根娱乐登堂入室”①，开启了电视综艺节目真正意义上的草根化和大众化的浪潮，在其带动之下，一大批同类型的明星游戏类综艺节目相继兴起，成为20世纪末、21世纪初电视荧屏上的一道独特景观。《快乐大本营》之所以能够在当时迅速崛起受到欢迎与其大众化的审美取向是密不可分的，它一定程度上实现了从传统的相对板正严谨的电视文艺向电视综艺的转变与跨

① 吕焕斌（现任湖南广播电视台党委书记、台长）．留给未来的历史拼图．《湖南电视40奶奶丛书——记忆》，http：//news. hunantv. com/x/f/20101228/360857_ 3. html

越，将观众极大程度地纳入电视节目当中，观众的娱乐和参与需求得到了极大的尊重，或以心理或以实在的方式参与到节目当中。

1997 年 7 月 11 日正式开播，一经推出便受到了观众的欢迎和追捧，长期以来都占据着周六黄金时段的收视和话题的中心，成为湖南卫视的王牌综艺节目之一，其在广告收入上也在早期创造了一年数千万的纪录，成为支撑和推动频道发展的重要动力。早期的主持人何炅和李湘也成为那个时代的明星，这种人气一直延续到了现在。

事实上，任何一个时代的代表性节目，必然是带着对前一时代极大的颠覆性和创新性，《快乐大本营》也一样。而它能够在 90 年代末期引发一大波电视游戏娱乐的狂潮，与以下几个方面的因素密不可分：

（一）将游戏引入节目，增加趣味性和可看性，制造大众化娱乐

游戏是《快乐大本营》这类游戏类综艺娱乐节目的核心构成，通过不同的游戏板块的设计，让明星嘉宾和普通人共同参与其中，并且与嘉宾访谈和歌舞表演相互穿插。《快乐大本营》历史上诞生过许多经典的游戏环节，早期的经典板块包括“火线冲击”、“快乐传真”、“IQ 无限”、“开心一刻”、“快乐小精灵”、“太阳计划”等，既有惊险刺激的设计，也有捧腹大笑的环节，当然也有一些体现正能量的策划。这些新颖刺激的游戏设计，让整个过程笑料百出，明星在其中或机智勇敢，或洋相百出，充满趣味性的表现以及意料之外的状况都成为吸引观众的看点所在。

游戏是人类从原始时期就继承下来的一种本能，在每个人的生命体验当中，都有一段关于游戏的记忆。游戏是人类的本能，因此当它被堂而皇之地引入电视并进行各种电视化的呈现之后，观众从心理上自然是愿意参与其中的，更何况参与这场电视游戏的是很多人的偶像，更加深了观众参与和追随的意愿。

实际上，通过游戏的方式，《快乐大本营》成功制造了一种大众化的娱乐，它是一种属于全民的、极具贴近性和草根属性的大众娱乐文本，是对过往相对较为严肃和精英化的电视文艺样式的一种颠覆和反哺，因此而受到大众的欢迎。

（二）明星参与，还原到普通人的状态

明星作为游戏主体参与到节目当中，打破了以往明星在综艺节目中一般只是以自己的职业身份参与的方式。明星在节目中成为游戏的玩家，他们在一定程度

上被还原到了普通人的状态，在节目里卸下了平日里作为明星的伪装和光环，以相对真实且平实的性格和形象出现在节目中，实际上这满足的是观众对明星的窥私，在那个信息渠道还不是很发达的时代里，这种明星在歌唱和演戏之外的真实形象的还原自然引得观众新鲜好奇，当然也有共鸣。

（三）强互动，观众深度卷入

《快乐大本营》节目的设计，从里到外都在为观众营造一种强互动的场域，让他们被卷入其中。节目开始时期采用直播的方式，创造出实时参与的可能性，节目组也设置了热线电话，让观众能够有渠道随时参与到节目当中。而节目本身游戏性的特质，让电视机前的观众在观看节目的过程中产生一种心理带入感，如同观看体育比赛一样的心理过程，进而完成一次心理参与。从心理到实际的参与，都构成了节目获得观众认可和观看的重要原因。

（四）生产制作投入力度加大

电视综艺在这一时期生产制作成本逐渐被提高，对于参与嘉宾、游戏环节的设计开始倾注更多的投入，从纵向的历史方向上相比来看，制作的力度确实在加大，这一定程度上也保证了节目创意的实现和品质。

可以看到，正是以上几个方面的特质在 20 世纪 90 年代中期到 21 世纪初期的媒介和社会环境下发生了作用，让游戏娱乐类综艺节目开始成为电视荧屏中的一种主流的节目类型，在《快乐大本营》的带动和影响之下，一大批同类节目在这一时期相继兴起，并发展成为频道的品牌节目，而一批优秀的综艺节目主持人也在这一时期兴起，成为家喻户晓的明星。

进入 21 世纪初期，包括《快乐大本营》在内的游戏类综艺节目都纷纷进入发展的瓶颈期，由于同质化节目过多，导致观众审美疲劳，加上此类节目本身在创新上显现出力不从心的状态。而时代和社会生活也都在发生着变化，观众对于电视节目的审美标准和期待都在逐渐提高，让此类节目进入发展的瓶颈。

经过一段时间的危机和盘桓之后，《快乐大本营》经过一系列的改版和主持人队伍上的调整和创新，最终走出了危机，到如今依旧活跃在电视荧屏上，释放出强大的生命力。但不可否认，此类节目在 2003 年左右开始进入其生命周期的后半段，被更新的节目样态所取代，此类游戏综艺节目的时代就此过去。

表 3-1　这一时期代表性的游戏类综艺娱乐节目

节目名称	首播时间	播出平台
《快乐大本营》	1997 年 7 月 11 日	湖南卫视
《欢乐总动员》	1999 年	北京电视台
《超级大赢家》	1999 年 4 月 23 日	安徽电视台
《开心 100》	1998 年	福建东南电视台
《快乐大转盘》	1993 年	上海东方电视台
《幸运 99》	1999 年	湖南经视

二、《玫瑰之约》将相亲交友搬上电视

湖南卫视在 1997 年上星之后，在短时间内连续推出两档综艺节目，让其在短时间内迅速崛起，成为省级卫视发展的排头兵。这两档综艺节目对于湖南卫视来说是具有历史意义的，除了《快乐大本营》之外，另外一档便是《玫瑰之约》了。

《玫瑰之约》开播于 1998 年 7 月 16 日，将男女之间相亲交友的过程呈现在电视节目中，男女嘉宾既有演播室交友环节，也有在室外的交流和互动。通过相互的认识与交流进而不断进行选择与判断，完成一场相亲交友过程的电视化呈现。

《玫瑰之约》的创意来自台湾的同类节目，《非常男女》等交友类节目当时已经在台湾取得很大的成功。而《玫瑰之约》的成功证明这类题材在大陆也同样具备深厚的土壤。在同一时期里，大量同类节目相继上档，相亲交友也成为电视荧屏的一大景观，而其中的一些节目更是展现了较为长久的生命力，如上海东方电视台的《相约星期六》至今仍然还在播出当中。

以《玫瑰之约》为代表的相亲交友节目受到观众追捧，同样与其内容形态的创新性和与时代社会文化的相契合有着密切的关系，具体来说，表现在以下几点：

（一）聚焦相亲交友，与社会话题相契合

在中国社会，相亲交友是一个颇具时代性但又具有某种意义上的永恒性的话题，相亲交友牵扯到的不只是年轻人的交友恋爱的话题，还与每个家庭都发生关系，因此具备强大的社会基础。这是相亲交友节目能够一直受到欢迎，并且周期性地在电视上不断兴起的根本原因，而《玫瑰之约》等这一时期涌现的一系列

相亲交友节目，实际上引发了第一波的电视相亲浪潮。

（二）将私密话题公共化呈现，引发全民关注

《玫瑰之约》这类相亲交友节目首次将男女之间从相识相知再到相互选择认定的过程搬上电视荧屏，让相亲交友这种相对私密的过程和场景展现在观众面前，一方面满足了观众的窥私欲望，另一方面也让每个人都能够在其中实现自我观照并引发共鸣。特别是对于彼时的电视观众来说，这种相对私密话题的公众化呈现对他们来说是一种前所未有的新鲜体验，自然引发不少关注。

（三）内容、形态设计还原相亲场景，打造独特“电视红娘”范式

这一时期的相亲交友节目在内容和形态的设计上，力图将现实的相亲交友过程进行还原，与此同时又进行着电视化的改造。从功能上来看，通过相应的环节设计完成一次电视红娘的功能，同时通过节目环节内容的设计将相亲交友的过程更加戏剧化，满足观众的观看欲望。

正因为如此，相亲节目的出现契合了时代审美需求和社会心理，也契合了社会话题，在中国社会中具备强大的社会基础，同时首次将相亲这种相对私密的话题搬入公共领域进行呈现，满足观众的窥私欲望的同时引发强烈的共鸣。而这一时期的电视相亲节目也通过内容、形态的设计将相亲场景进行了还原，通过电视化的手段打造出属于自己的独特的电视红娘的范式，引发观众的收视狂潮。

在经过一段时间风起云涌式的发展过后，此类节目在2003年左右也同样进入了发展的瓶颈期，人们的新鲜感已经过去，而同类节目的过多出现也让观众的厌倦感迅速到来。但此类节目在电视荧屏上一直没有消失，在一些地面频道，相亲交友节目由于其与本地社会的贴近性和天然的服务性功能一直受到青睐，而卫视的相亲节目也在几年后再度兴起，成就了新的一轮相亲交友节目的热潮。

三、《幸运52》《开心辞典》等益智游戏节目兴盛

在这一时期里，尽管一些省级卫视先后创作出不少热播的综艺节目，并成功引发一些新的节目类型的潮流，但也要看到，央视同样是这一时期里电视综艺节目创新发展的重要一极，成为重要的推动力量。

其中最具代表性的就是以《幸运52》《开心辞典》为代表的益智游戏节目的兴盛，让益智游戏节目成为这一时期里不可忽略的一种热播节目类型，打造着中

国本土益智游戏类节目的范本，推动着此类节目的继续发展。《幸运 52》开播于 1998 年，《开心辞典》则于 2000 年推出，节目在推出后便获得了极大的成功，是当之无愧的国民节目，节目主持人李咏、王小丫等都成为这一时期家喻户晓的名主持人。

事实上，这两档节目都是来自国外的模式节目，《幸运 52》来自 *GoBingo*，而《开心辞典》的原版则是风靡一时的答题类节目《谁想成为百万富翁》（*Who Wants to Be a Millionaire*），益智类节目向来都是在国际上非常流行的节目样态，《幸运 52》和《开心辞典》实际上是在逐渐开放的环境之下与国际流行趋势对接下的一种产物，然而这两档节目的成功，却与其精准恰当的本土化改造有着密切的关系，创造出中国式的游戏益智节目的样本。具体来讲，此类游戏益智类节目在彼时能够获得极大的成功，与节目本身所具备的几大特征息息相关，主要包括：

（一）普通人参与，个体和家庭成为节目主角

普通人参与是此类益智游戏节目的一个重要特征，此前的电视综艺样式，基本还是以明星参与为主，《正大综艺》已经非常有意识地将现场和电视机前的观众卷入进来，但参与节目的主角还是明星。《幸运 52》《开心辞典》都将普通人作为节目的主角，这些代表着千千万万不同职业、不同家庭背景和成长环境的普通人有机会参与到节目当中，并且通过比拼拿到奖品或相应的奖励，这是此类节目的创新所在，也是引发观众代入感的重要方式所在。

在《幸运 52》中，节目的参与者来自于各行各业，有记者、退伍军人、个体从业者，也有普通的家庭妇女，每期节目中的参与者从职业到背景再到性格面貌都不尽相同且都各具代表性。同时，这些参赛者的亲戚和朋友也参与到节目当中，为选手助力，他们之间或默契、或搞笑的互动也构成了节目的一大看点，他们代表的就是电视机前千千万万个普通的个体和家庭，共鸣也就很容易一触即发。

而《开心辞典》同样如此，让普通人走上舞台的最中央，为了家庭梦想而努力发挥着自己的智慧和才能，《开心辞典》也因为家庭梦想的设置而让每个普通的个体背后又牵扯出无数个普通家庭和故事，无论电视内外，每个人都在参与其中。

（二）益智游戏设计：闯关模式游戏感、戏剧性强烈引人入胜

此类节目非常擅长于营造一个闯关式的游戏场景，参与者成为闯关人，层层

递进去不断完成挑战，这种闯关模式不是体力式的，而是智力式的游戏，通过不同环节的设计和规则的设计，逐渐从平淡走向高潮，悬念性步步增强并贯穿始终，而这当中由于规则的设计而发生的戏剧性场景也不时上演，紧紧锁牢观众。

《幸运 52》的闯关模式由几个不同的环节构成，益智答题则是每个环节的共同主题，每期三位选手通过答题赢得商标（相当于分数），最终胜利的人赢得大奖，而在每一个环节中，选手也都有赢取奖品的机会。几个环节的设计层层递进，由易到难，节目的节奏也在这个过程中不断加快，悬念感也不断加强，由于规则的设计，最终胜出的人未必是开始时表现好的，意外和反转往往出现在最后关头，将观众的好奇心提到最高处。时间是《幸运 52》贯穿始终的主题，在规定的时间里完成答题并最终获得最多的商标是选手们的目标所在，也像一根绷紧了的弦贯穿始终。

《开心辞典》的闯关模式则由几个不同阶段的答题过程而组成，在每一阶段都设计退出机制，让选手面临零和博弈的选择，要么退出但面临着失去争取更大奖励的机会，要么继续但面临着一无所获的风险。这种零和博弈的机制让戏剧性和悬念性大大增强，成为吸引观众的唯一且无法割舍掉的线索，层层递进引人入胜。

闯关模式的设计其实来自于游戏，在许多竞技游戏中，都遵循着这样的设计规则。而益智游戏节目得到了这样的精髓并进行了精心的设计，让节目变成了人人可以参与其中的闯关历程，只不过益智游戏节目是将益智答题作为了闯关的工具，兼具益智性与游戏性。

（三）将巨额诱惑奖金设计为家庭梦想，公益、慈善主题切入

这一时期风靡全国的两档益智游戏节目模式均是来自国外的节目模式，然而两档节目的成功则来自于各自成功的本土化改造。作为一直以来都风靡国外的电视节目类型，益智游戏节目经历了长盛不衰的局面，而它们中的很多都是靠巨额奖金来达到吸引眼球的目的，巨额奖金刺激着参赛选手本身的表现，进而增加节目的看点，例如《开心辞典》的原版节目《谁想成为百万富翁》的奖金设置就是一百万美元，对任何普通人来说都是一个巨大的诱惑。

但巨额奖金的设置显然无法适应中国的社会背景和文化土壤，在公众场合为了金钱而去努力拼杀，这是不符合中国人的传统价值观的，也不符合电视媒体正

确的导向价值。因此，在这些节目中，将巨奖的设计进行了转换，《幸运 52》奖励的是最新锐的生活和家庭用品，淡化巨奖的概念，转而主打用智慧换取更好的生活品质的隐喻。

最典型的是《开心辞典》，将百万巨奖换成了家庭梦想，选手上场答题之前首先说明一个自己的家庭梦想，而这些家庭梦想大部分都很朴实，或实用为主，或完成一个怀揣已久的心愿。与具体的奖品相映照的是，每一个家庭梦想的背后都蕴藏着一个家庭故事，而亲情、爱情、友情也自然就嫁接在其中，用奖品去引发情感，不仅让《开心辞典》在立意上拔高，而且也多了一重情感因素而受到中国观众的喜爱。

正是因为这些因素和特征，让以《幸运 52》《开心辞典》为代表的益智游戏节目在这一时期里得到了极大的成长和发展，获得了观众的追捧。益智性加游戏性，再加上节目颇具中国特色的本土化改造，都让这类节目在这一时期里成为综艺节目发展的代表性作品，然而随着时间的推移，新兴的电视节目类型的兴起以及此类节目自身在发展创新上的掣肘都制约了节目本身的发展，使其陷入衰退，继而难逃停播的命运。《幸运 52》于 2001 年和 2007 年分别进行过两次改版，最终于 2008 年停播。《开心辞典》也在经历过数次改版之后于 2013 年 5 月停播。益智游戏类节目在此后的时间里一直都存在于电视荧屏上，后来的一些节目如《一站到底》《芝麻开门》等也都取得了不错的成绩，但都没有复制《幸运 52》和《开心辞典》在这一时期所创造的成绩。

四、真人秀节目初步探索

电视真人秀节目从 20 世纪 90 年代开始兴起，迅速在世界范围内获得了追捧，因其真实强烈的社会性和与时代贴近性而发展成为最流行的一种节目样态，这种热度一直延续至今。真人秀节目在中国的发展几乎与西方同步，真人秀兴起的时代也正是中国电视成长发展的阶段，在开放的背景环境下，自然被纳入中国电视综艺发展的进程之中。2000 年左右开始，受到西方电视真人秀节目兴起发展的影响，在中国电视荧屏上也开始出现一系列的真人秀节目的探索尝试。

广东电视台的《生存大挑战》于 2000 年 6 月开播，它将国外热播真人秀《幸存者》的创意概念引进来，打造了“冲走边境”的概念。实际上这一年诞生的《生存大挑战》与国外的真人秀节目有着不小的区别，它借鉴了极端环境下的生存概念，但是并没有将国外真人秀节目中的淘汰和强竞技规则的设计引入，实际上还算不上严格意义上的真人秀节目，这种强规则在后续的几季节目中开始被引入。

尽管如此，《生存大挑战》还是引发了一些关注，一些类似的节目在这一时期里也开始上档。如贵州卫视的《峡谷生存营》、浙江卫视的《夺宝奇兵》、北京维汉传媒联合四川电视台等20多家电视台制作的《走入香格里拉》、中央电视台的《金苹果》等。

此外，基于西方流行的真人秀节目《老大哥》样本，中国也上档了自己的本土化版本，湖南经视2002年创办开播的《完美假期》创意就来自于法国的《阁楼男女》，而此节目正是《老大哥》的法国版本。

以《老大哥》和《幸存者》为肇始，在西方国家掀起了一场真人秀节目的发展浪潮，这种真实而不乏深刻的节目类型一经推出便受到了极大的欢迎，并且传播到了中国的电视行业。真人秀节目极具颠覆性，它集合了电视剧的戏剧性和冲突感，同时又具备纪录片的真实性，又设置了巨额奖金让节目置于一场大型的奖金争夺战中。具体来说，真人秀节目受到欢迎主要来自以下几个方面的特征：

（一）设置极端、封闭的环境与强淘汰的规则，激发悬念和冲突

此类节目环境和规则的设计往往非常极端，让参与者处于一种远离日常的环境之中，如完全与世隔绝的别墅（《幸存者》设置的环境）、远离都市的丛林与荒野（《幸存者》设置的环境），节目也在过程中设计了强淘汰规则，最终只能有一个人获胜，而淘汰的过程也往往由参与者亲自去做出。在这样的规则设计之下，必然会激发带有强烈戏剧性和冲突性的情节。

（二）巨额奖金设置，引发人性之争

在此类节目中，通常都会设置巨额的奖金，或是100万美元（《幸存者》），或是一份高薪的工作（《学徒》），毫无疑问，巨额奖金是吸引这些参与者加入节目当中的最基本的诱惑，也是推动他们在节目中表现的最重要的动力和逻辑。为了最终胜出并获得巨额奖金，参与者们都使尽了各种办法，其中不乏勾心斗角和权谋运作，这些过程都被摄像机记录并播出，让观众看得欲罢不能，满足着人们普遍存在的窥私欲望。

（三）各具特色的普通人参与，呈现真实过程

此类真人秀节目参与者都是普通人，但是在选角的时候会进行精挑细选，从

职业、文化、性格、样貌、性别等多方面入手去选择，具有很强的特色和代表性是这类真人秀节目选角的总体方向，参与者在其中能够有非常戏剧性的互动和交流、激发火花或者矛盾等，都是节目的目标所在，选角对于这类真人秀节目来说至关重要。普通人参与，能够更好地激发他们最真实的表现，而这种真实的过程往往才是最具有戏剧性和冲突感的，让观众深陷其中。

可以看到，在强规则和极端环境下去激发故事和人性，这些各具特色的参与其中的普通人的真实表现都构成了节目的看点。真人秀的真实性是一种相对的真实，它选择最合适的人选，设置极端的环境和规则，并且用巨额奖金去刺激，而具体的过程和表现则并不进行干涉，呈现和记录这种真实的过程及其背后真实的人性，这是真人秀节目最大的魅力所在。

可以看到，这一时期西方兴起的真人秀节目普遍以强烈的戏剧性和冲突性以及背后的人性考验而吸引眼球，很多真人秀节目甚至主打社会实验。纵观这一时期的中国的同类型真人秀节目，则普遍在吸收了创意和精华的基础上，基于中国本土的文化进行了改造，比如对巨额奖金的隐晦表达，如《生存大挑战》就换成了穿越边境线和重走长征路等。而湖南经视的《完美假期》则保留了原版中巨额奖金的设置，但却引发了关于人性的争议，最终停播。

这一时期的中国电视真人秀节目的出现和探索，显然是在西方同类节目的热播带动之下出现的。但由于社会文化背景的不同，以及时代发展和媒介环境的制约，此类节目并未在中国引发大规模的关注，而客观来讲，此类节目对制作和投入上的高要求，也是彼时的中国电视制作所很难企及的。因此，这一时期的真人秀节目整体上处于探索阶段，并未形成阶段性的、标志性的发展潮流，多年之后，真人秀节目则以韩式明星真人秀的模式回归，并引发了新一轮的电视热潮。

第二节　省级卫视娱乐化突围

90年代开始，各省都开始筹划上星频道，在20世纪90年代后半段，各省级电视台相继上星，大量卫视频道在这时候开始涌现。中国人电视荧屏中的频道一下子变得丰富了起来，对于上星频道来说，面临的是更广阔的全国市场，在定位和内容上自然也要开始针对全国。用什么样的内容和策略去参与到这片全国性的市场当中去竞争？成为很多卫视面临的首要问题。相比于在20世纪90年代风起云涌的电视新闻发展浪潮，似乎看上去门槛更低、更具大众化基础的娱乐化内容成为一种更好的选择。

1997年开始上星的湖南卫视，凭借着《快乐大本营》和《玫瑰之约》两档综艺节目而迅速实现了品牌化的突围，成为省级卫视发展中的佼佼者，也让人们看到了以综艺节目为代表而确认的娱乐化路线的可能性。于是在这一时期里，一些省级卫视也开始纷纷上档和探索综艺节目，娱乐内容被看作是省级卫视突围的一大策略。

值得注意的是，在这一轮省级卫视以综艺节目娱乐化突围的过程中，港台以及国外对中国电视综艺的发展起到了很大的影响和互动作用，这一时期新创的电视综艺节目背后都有港台或者国外同类节目的身影，很多节目的成功则有赖于对这类节目恰当的本土化改造，让他们找到了本土化生存的土壤，也有一些因土壤不适应而并没有获得很大的反响。与外部文化和因素有着紧密的互动交流是中国电视综艺一直以来的一个重要特征，在这一时期里已经开始显现。

一、省级频道上星，综艺节目成突围路径

90年代以前只有少量的频道上星，地方电视台的传播范围往往仅限于本地或者某些地区，从1994年开始，省级地方台开启了大规模上星的道路。1994年浙江、山东、四川等卫视先后上星，1996年又有河南和广东两个频道上星，而1997年则是省级频道上星最集中的一年，这一年，包括湖南、辽宁、江西、湖北、黑龙江、福建、江苏、山西、青海等省级地方台先后上星，在1998年也相继有北京、上海、天津、重庆、河北、山西、甘肃、宁夏等卫视上星。

省级频道在20世纪90年代的集中上星，让全国市场成为这些卫视频道争夺的主要战场，面对更广大的受众群体和更广阔的市场，如何去突出重围？成为摆在这些新生的省级卫视面前的一个重要的命题。在这当中，有一个省级卫视迅速脱颖而出，发展势头非常迅猛，这个省级卫视就是湖南卫视。

湖南属于农业大省，地理位置并不优越，经济水平也不算发达，但湖南卫视能够一上星就获得广泛的认可，这与其用综艺去突围的路径密不可分，在1997年和1998年，湖南卫视先后推出了两档综艺节目——《快乐大本营》和《玫瑰之约》，前者以明星游戏节目的新鲜样貌迅速获得了观众的欢迎，而后者则将相亲交友的过程加以电视化呈现，也取得了极大的成功。这两档节目让湖南卫视在众多的省级卫视频道中脱颖而出。

为什么是湖南卫视？实际上这与湖南广电在当时已经开始的第一轮改革有着密切的关系，1995 年湖南经视成立，迅速在湖南地区站稳了脚跟，经视在新闻、综艺节目和电视剧上进行了一系列的改革，都取得了快速的发展，经视这条“鲶鱼”的诞生对于彼时的湖南电视台来说是一个重要的刺激，在 1997 年上星之际，台长魏文彬再次启动了卫视内部的改革，大胆起用新人，进行人事制度和内容生产机制的调整，让湖南卫视以一个崭新的面貌上星。这一次改革卓有成效，湖南卫视从频道包装到节目设计再到整体的编排方式都焕然一新，给人新锐时尚的感觉，一改湖南电视台过往的土气的面貌，以往被戏称为“化肥饲料台”的湖南台摇身一变成为时尚的代名词。

基于这一轮改革，湖南卫视生产机制得到了调整和转变，为上星做好了准备，上星之后取得了迅速的发展。用娱乐化去突围，对于湖南卫视来说则是一种必然的选择，地处中南的农业大省，在人才、资源各方面上都不占据优势，走新闻路线显然是比较困难的，也无法与中央台相抗衡，而湖南人天生的娱乐精神和霸蛮精神让娱乐成为一种更适合的选择。事实上也正是如此，湖南电视台在 20 世纪 90 年代曾生产制作了多部优质的电视剧，在经视成立之后，也诞生了《幸运 3721》这样在本地引爆收视热潮的综艺节目。《快乐大本营》与《幸运 3721》有着千丝万缕的勾连，最终在全国范围内取得了不俗的成绩。

得益于综艺节目的发展，让娱乐化的路线事实上成为这一时期里省级卫视的突围路径。原湖南广播电视台台长欧阳常林曾在自己的一篇名为《关于湖南电视发展的思考》的文章中强调“综艺娱乐节目的强势效应”。并认为，综艺娱乐节目是“湖南电视现象”的一个重要支点，也是电视发展的一个创新突破点。事实上，在这一时期，很多上星后的卫视都开始积极探索综艺节目的发展，包括浙江卫视、福建东南卫视、安徽卫视、广东卫视、山东卫视等在这一时期里都有多部优质的综艺节目被创作出来，有些节目至今仍然是很多人心目中的时代记忆。

然而省级卫视在娱乐化的路线上走得也不是顺畅和确定的，作为主流媒体，还要承担主流媒体相应的责任和价值，娱乐化路线在中国传统的精英文化的话语体系下又不属于主流文化，文以载道的功能看上去又是娱乐路线所不能够承载的，因此在路线选择上，很多平台在这一时期都有过动摇，湖南卫视在这一时期一样有摇摆，也曾先后制作过不少新闻类的节目，以达到对娱乐的某种平衡。而主流和精英文化对娱乐文化低俗化的炮轰和指责的声音在这一时期里也相继涌现，娱乐文化与精英文化之间的对抗一直持续了下来。

不可否认，在某些综艺娱乐类节目当中确实存在低俗和品味低下的现象，但总体来讲，娱乐文化以电视为载体全面崛起，实际上是中国在进入改革开放以后大众平民文化崛起的一种表现，它是对上一阶段大众文化长期缺失的一种反弹和回应，也是中国市场和商品经济兴起的一种必然，有其存在发展的历史必然性。

二、港台、欧美电视娱乐的影响与互动

在这一时期里，对中国电视综艺发展来说另外一个重要的影响因素就是与外部因素的交融与互动。在这一时期里，随着中国社会的进一步开放，与外部沟通交流的渠道和途径也越来越多，港台流行大众文化的发展要早于大陆，加上文化上的亲近性，因此中国电视综艺在成长期里首先就受到了港台文化的影响，这一时期的一些代表性的综艺节目创意和灵感很多都来自于港台特别是台湾综艺的影响，而欧美国家作为电视创意产业的策源地，对中国电视综艺的内容生产也产生了不小的影响。来自港台与欧美的电视娱乐文化为这一时期的中国电视综艺注入了活力，也开阔了电视创作的思路，但有关中国电视自主创新的话题，在这一时期也开始被很多人所意识到。

以《快乐大本营》《欢乐总动员》等为代表的游戏类综艺节目的创意与台湾的很多综艺节目有着一脉相承的意味，特别是其中的很多游戏环节的设计几乎都是创意照搬，而以《玫瑰之约》为代表的相亲交友类节目创意也来自于台湾的《非常男女》。这一时期对台湾综艺的借鉴甚至还引发了岛内舆论的关注，对此现象表达不满，而除了创意引进，一些台湾制作团队在这一时期里也受到了追捧，成为大陆电视综艺节目学习和合作的伙伴，实际上这种基于电视节目生产上的文化交流活动异常频繁。

而《幸运 52》《开心辞典》《生存大挑战》《完美假期》等节目的创意则都来源于欧美的同类节目，其中益智游戏节目因恰到好处的本土化改造而获得了极大的成功，而真人秀节目则因为生存土壤和环境以及本土化创作的问题并没有引发太大的反响。但中国电视综艺与欧美国家的互动交流的步伐在这一时期里开始走得更远。

总体来讲，在这一时期里还没有形成版权引进的概念，所以对于港台和欧美节目基本上还停留在创意借鉴或者山寨复制的阶段，并且在小范围内实现了人员上的交流。彼时的中国电视在这种创意上的借鉴和启发对于成长期的中国电视综艺来说是必然也是必要的，启发了思路也开阔了视野，推动其迅速地成长，但对国外节目的过度依赖，确实会对本土化的原创创意产生一些消极影响，一些港台和欧美文化中不乏低俗的节目要素也被毫无过滤地引进来，也会对中国大陆本身的电视文化造成一定的戕害，特别是激烈竞争导致的同质化现象，也在这一时期里出现，让节目类型的消耗变得异常之快。

第三节　电视综艺市场化与制播分离探索

在这一跨世纪的时代背景之下，市场经济和商品经济开始得到空前的繁荣和发展，在电视行业也开始了产业化探索的步伐，在电视综艺领域，市场化和社会化的探索也在这一时期里开始。相比其他的节目类型，电视综艺具有更强的商品化属性，市场化拓展的空间和可能性也更大一些。

在这一时期里，电视改革风起云涌，电视的制播模式也开始了一些探索和发展，制播分离在电视综艺领域开始出现，一批社会化的节目制作公司开始出现并参与到电视综艺节目的内容生产当中，而电视综艺的市场化和商品化属性得到了释放，一些综艺节目得到了市场价值的回报，成为平台创收的重要通道。而商品化和市场化的发展本身也为综艺节目的发展带来了更多的动力和挑战。

一、电视综艺制播模式探索发展，社会化公司出现崛起

随着市场化的推进，电视产业开始了自己发展的脚步，电视台作为内容组织生产的主体之外，社会化的电视生产者在这一时期里开始出现，为电视产业提供和补给着生产力。而在电视综艺娱乐节目领域，这种制播分离的探索也在这一时期里进行着探索，一批从事电视综艺娱乐节目内容生产和运营的社会化公司在这一时期里出现。

我国最早的电视民营公司诞生于1994年，嘉实广告文化发展有限公司在这一时期里以广告公司的名义从事着电视内容的生产，由于政策等原因的限制，早期的民营公司往往是在夹缝中求生存。而1997年广电总局颁布的《广播电视管理条例》，规定制作机构需经过批准且取得广播电视节目制作经营许可，是可以参与节目生产制作的，并且删除了有关“个人、私营企业”不可以设立广播电视节目制作经营机构的条款，随着广播电视产业的发展，民营的制作机构“进入除新闻宣传以外的广播电视节目制作业”，被写进了2003年颁布的《关于促进广播影视产业发展的意见》中。①

电视内容领域的制播分离也开始在这一时期尝试探索，除了电视剧以外，综艺节目也成为电视制播分离探索尝试的重要阵地，这一时期的电视频道开始尝试着将自己的一部分的内容生产任务交给民营公司去制作，合作方式主要有两种：一种是制作公司仅承担制作的任务，将制作的节目售卖给平台方，这种方式中，制作公司的利润主要来自于制作费，一般也不掌握节目的版权；另一种是制作公司承包电视台的广告时段甚至整个频道，电视台不直接支付制作方费用，制作方通过广告时段运营分成的方式去收回成本和获得利润。而承包频道的方式后来则受到了政策的限制，变成了特定时代的产物。

基于政策上的逐步放宽，以及电视产业的商品价值的逐渐释放，民营化的节目生产公司在这一时期里得到了一定程度的发展。包括被称为“电视民营四公子”的光线传媒、欢乐传媒、派格太合、唐龙国际传媒都是在这一时期出现和发展起来的。此外还包括其欣然、银汉传媒、上海开麦拉传媒等民营制作公司在这一时期的电视市场中也表现得相当活跃。

光线传媒制作的《中国娱乐报道》成为当时电视娱乐资讯节目中的代表作品，并通过光线自有的发行网络，在全国多个频道上落地播出，此后光线传媒也制作了不少综艺类娱乐节目；而欢乐传媒制作的《欢乐总动员》则一度是与《快乐大本营》相比肩的，在多个地方台进行播出，同时其制作的《财富大考场》《勇者总动员》等综艺节目也以创新的面孔而获得关注；而派格太合制作的《环球影视》也一度获得很长的生命力。

事实上，中央电视台火爆一时的《幸运52》就是由其欣然制作的，这家拥

① 陆地主编．解析中国民营电视．复旦大学出版社，2005年版，第132页

有强大的广告资源的公司也对这档节目的内容和整体定位产生了不小的助推和影响，其欣然还在这一时期与央视合作了数档节目，包括《金苹果》《健康生活》等栏目。

民营公司的崛起发展成为中国电视综艺制播分离过程中的一种必然现象，为成长期的电视综艺补充了生产力，然而这一时期的制播分离还是比较初级阶段的探索，各方真正的市场化的原则和理念还没有得到确认，政策也并没有鼓励制播分离的发展，因此在这一过程中制播分离也面临了一系列的困难和挑战，一些民营制作公司在与电视台合作的过程中也处于相对较为弱势的地位，缺少资本和更多变现的渠道，发展得比较艰难。但这一时期的制播分离探索也为后续的制播分离的发展积累了经验、奠定了基础。

二、电视综艺市场属性进一步增强，商品属性得到开发

进入 90 年代后期，市场经济和商品经济在中国的发展已经得到了自上而下的确认，各个领域的市场化改革都得到了推进，电视领域也同样如此。在中国，广电承担着主流媒体的责任，因此全面的市场化是不太可能的，但在这一时期里，广电的体制改革也逐渐开始，广电媒体的市场化属性开始得到进一步释放。

以综艺节目为代表，这一时期里，热播的综艺节目在娱乐营销方面已经开始了探索，《快乐大本营》初期火热的阶段，仅冠名费用就能达到每年 4000 万，这在当时的时代背景下确实是一个不小的数字，而节目中的植入广告也成为节目的收入渠道，赞助企业还以现场观众方阵的方式参与进来，电视节目的营销模式已经开始了多元化的探索。《幸运 52》节目更是由广告公司其欣然制作，在节目中处处体现的商标和广告，如选手答题得分是通过给商标的形式计分，这些都成为节目植入广告的一部分，体现了极强的商品化属性。

商品开始大张旗鼓地进入电视综艺节目中，而电视综艺节目本身也正在变成商品，在市场上进行交易，释放着自己的商业价值。在这一时期里，电视综艺的市场属性进一步增强，承担着电视频道市场化运作的主要任务，而其商品化属性也得到了进一步开发，被纳入一个从策划到制作再到运营的产业链条当中，这一时期的电视综艺的制作者不再是单纯的节目创作者，而是包含了节目品牌运营等各个方面的制片人，实际上是初级阶段的产品经理。这种市场化和商品化的属性在后续阶段还会得到进一步的开发。

本章小结：可以看到，在20世纪90年代末到21世纪初期这个时间段里，是中国电视变革发展的一个时代，市场经济的持续发展和社会生活的日益开放，都为电视综艺的发展提供了深厚的土壤。在这一时期里，综艺娱乐节目开始强势崛起，成为人们社会文化生活的重要组成部分。其中以《快乐大本营》为代表的游戏类综艺节目、以《玫瑰之约》为代表的相亲交友类综艺节目、以《幸运52》《开心辞典》为代表的益智类综艺节目都成为电视综艺节目探索的典型代表，它们以各自不同的特征在这个特定的时代受到了观众的欢迎，同时，真人秀节目也开始出现并开启了探索的步伐。而在这一时期，省级频道开始相继上星，面对全国市场，综艺节目成为其突围的路径和排头兵，一些省级卫视依靠综艺类节目实现了突围和崛起。这一时期里，来自港台和欧美的电视娱乐和流行文化也对大陆电视综艺的发展产生着深刻的影响，几个代表性的流行电视样态都受到这些国家和地区的影响，这种互动交流为中国电视综艺的发展打开了视野、开阔了思维，但是也为后续的跟风山寨和引进模式的疯狂状态埋下了伏笔。在这一时期里，电视综艺的市场属性得到了进一步的开发和释放，电视综艺领域的制播分离探索也为产业本身提供了动力，一系列社会化的节目制作公司在这一时期也相继涌现出来，成为中国电视市场化早期探索的重要组成部分，中国电视综艺的市场属性和商品属性得到了进一步开发，电视综艺正在逐步被纳入产品开发的一个链条当中，释放着其市场价值。

第四章　发展期（2004~2011年）

2004年，对中国电视综艺的发展来说是里程碑式的一年，这一年湖南卫视制作播出了《超级女声》节目，开启了中国电视大众选秀的浪潮，在此后的几年中选秀节目几乎成为电视综艺节目最核心的品类占据着电视荧屏。素人选秀的崛起给中国电视带来多重影响，一定程度上正是它的出现和带动，让真人秀节目开始在中国泛化，故事化成为综艺节目最主要的叙事手段和方式，而国际电视节目模式也成为中国电视人追随模仿的对象，并且模式引进和贸易事业开始在中国萌芽生长。《超级女声》在商业和文化层面带来的颠覆也是深远而巨大的，它的产品化运营模式让综艺内容的价值得到进一步释放，也正是从这一时期开始，电视荧屏中的大众文化实现强势崛起，精英文化在电视综艺这一电视艺术样态中逐渐失去阵地。

以2004年《超级女声》为肇始，经过两三年的急速膨胀与发展，电视选秀在2008年开始进入衰退和没落期，原因主要在于资源过度消耗、观众审美疲劳、低俗化发展倾向与政策上的管理限制等。从兴盛到式微，选秀节目在短短几年间进行了一次兴衰更替，在"后选秀"时代，电视综艺节目的类型、叙事方式、传播模式得到进一步探索，而同样表现素人情感和状态的情感故事类节目开始出现并成为一种主流的节目类型，强调冲突、对抗、悬念、煽情、隐私呈现、故事化叙事特征的情感故事节目成为素人节目的另一种模式和代表，将这一轮的素人狂欢推向另一个高潮。除此之外，各上星频道都在节目类型的拓展和深化上积极探索，一些新的节目类型和现象在这一时期相继出现。

进入2010年，21世纪以来另一类现象级综艺节目在这一时期出现，以《非诚勿扰》为代表的相亲交友类节目在这一时期开始占据电视荧屏和社会话题中心。这是在20世纪末之后，中国电视又迎来了一次相亲交友节目的热潮，切合社会性的角度和话题、充满对抗性的全新形式、更加个性化的参与者都让其获得了比上一轮相亲热更加广泛的影响力和传播度。相亲交友节目实际上也是这一轮素人节目兴盛发展的一种延续与深化，实现了其商业和文化上的价值，为后续综艺节目的发展奠定了基础。

这一时期，以湖南卫视为代表的省级卫视在综艺节目创作发展上的优势进一步得到强化，江苏卫视也凭借其在情感节目上的耕耘在几年内迅速实现崛起，进入省级卫视强势频道的行列，浙江卫视在这一时期进行改版再造，在一系列节目的助推下得到发展，为后续发展贮存了力量，卫视格局开始发生变化，竞争从此成为主题词。综艺节目成为省级卫视生存发展的核心武器，尽管新闻立台的综合性频道定位一直以来被不断强调，但综艺节目开始成为继电视剧之后被投入最多、竞争最激烈的一个领域，而且由于综艺节目在品牌化和商业价值上的潜力，这种主流化的趋势在之后越来越得到深化。

第一节　发展概况

电视综艺节目在这一时期进入一个高速发展的时期，投入的体量和规模越来越大，其商业价值进一步得到开发，大片化、主流化发展开始成为行业共识。平民素人是这一时期电视荧屏的绝对主角，素人选秀、情感故事类节目等都以表现素人的状态与故事为主要内容。中国电视综艺的封闭状态在这一时期被进一步打破，对国外电视节目的借鉴与模仿是这一时期电视节目创新的普遍方式，而模式节目的引进与交易在此时也开始出现。大众文化开始取代精英文化，成为电视综艺节目的核心取向，引发了精英文化的惶恐和论战，而主导文化对电视综艺的发展依旧发挥着极其重要的作用。

一、素人选秀的兴盛与没落

在这一时期，电视综艺发展的一个最大的标志性的现象就是素人选秀节目的兴盛与衰落。2004 年，湖南卫视推出素人歌唱选秀节目《超级女声》，标志着这一节目形态发展的开端，在 2005 年，《超级女声》达到了其鼎盛时期，并成功从一档电视节目演化为一场社会文化现象，创造出 21 世纪第一个大众文化事件，其影响力之深之广真正让人们看到了电视这种大众文化媒介所蕴藏的能量。此后的几年，素人选秀成为电视荧屏上的主流节目类型，数量众多、类型各异的电视选秀节目在这一时期被推出，占据着社会文化生活的核心。

（一）《超级女声》将中国电视带入草根选秀时代

2004 年《超级女声》在湖南卫视上星播出，从此将中国电视综艺节目带入了草根选秀的时代。《超级女声》也当之无愧地成为 21 世纪诞生的第一档“现象级”节目。《超级女声》于 2004 年上星播出，2005 年达到鼎盛，此后几年连续被推出。其前身是湖南娱乐频道推出的《超级男声》等群众选拔活动，在地面频道播出受到本土观众欢迎之后，进化为《超级女声》之后在卫视频道上进行播出，并在全国范围内取得极大成功，进而演变成一场社会文化事件，数以亿计的、社会各阶层的普通人被卷入这场文化事件当中。

事实上，《超级女声》的创意是在借鉴彼时大热的《美国偶像》（*American Idol*）精髓的基础上创作出来的，被纳入彼时风行全球的歌唱类平民选秀节目的浪潮当中。2002 年，美国 FOX 电视台以 7000 万美元的价格买下英国歌唱节目《流行偶像》（*Pop Idol*）的版权并进行适当改编之后推出了自己的本土化版本《美国偶像》，每年举办一届，旨在挖掘新一代的美国流行歌手，每季的冠军将获得一纸价值百万美元的唱片合约。《美国偶像》到 2016 年已经举办了 15 季，也成为其最终季，这档老牌选秀节目延续了 15 年后才落下帷幕。

在 2004 年左右，正是《美国偶像》为代表的歌唱选秀类节目发展最盛的时期，许多的流行歌手与社会名人在这档节目中诞生，节目不仅笼络了大批忠实的观众，也成为新世纪电视造星的典型代表。而这一股国际电视上的选秀潮流在这一时期被中国电视人敏锐地捕捉到，并开始探索创作中国本土化的版本，《超级女声》就是这种探索的结果之一。

在当时国内电视行业对于综艺节目版权引进的概念和意识还没有建立，因此《超级女声》在当时并没有引进版权，而是对《美国偶像》类的节目进行了模仿借鉴，它吸取了“美偶”的内核与精华，如海选、短信投票、毒舌评委的设置等，但也进行了一系列的本土化加工与创造，如原生态式的海选呈现、PK、复活、大众评审等经典赛制，经过持续数月的层层选拔，最终选拔出了总冠军，完成一场平民造星运动。

《超级女声》让数以万计的青少年跃跃欲试，使全国亿万观众沸腾起来，在其发展的鼎盛时期，几乎控制了社会舆论的走向，成为社会的热点、焦点、沸点。正是由于电视的这种“可怕”的社会驱动力以及《超级女声》产生的巨大的社会反响，一度甚至引发了社会的焦虑、精英文化的质疑和讨伐。《超级女声》俨然成为社会话题的中心，一场全民式的狂欢。

《超级女声》从2004年创办，到2006年一直沿用这个名称，2007年开始举办《快乐男声》，变参与主体为男生，此后除了2008年、2012年停办以外，2009年开始在《快乐女声》《快乐男声》之间更替，直到2013年举办《快乐男声》之后，“超女”、“快男”系列品牌在湖南卫视停滞，而《超级女声》在2016年以网络综艺的全新面貌在芒果TV实现回归，2017年全新版的网络综艺《快乐男声》则继续在芒果TV和优酷实现联播。

《超级女声》在诞生之初便受到极大追捧，并在2005年达到顶峰，创造了收视率和关注度的辉煌战绩。根据央视索福瑞数据显示，2005年《超级女声》平均收视率8.54%，决赛期平均收视率11%，居同时段收视首位；三强决赛时的收视份额达到了49%。① 从此数据可推算出收看“超女”决赛的观众直逼3亿大关，节目的火爆也为冠名合作商蒙牛酸酸乳带来巨大的品牌效益，最终获得了23亿的销售收入。除了收视率和商业上的高回报之外，“超女”在彼时也成功演化成一个社会文化事件，被广泛探讨和争论，各路观点齐飞，成就了21世纪第一场社会文化大讨论。

具体来说，本文认为，《超级女声》作为21世纪初第一档“现象级”节目，其标志性和引领性主要体现在以下三个方面：

1. *形态层面的颠覆*

“超女”所创造出的赛制和叙事方式，一方面颠覆了以往电视所惯常使用的话语方式，带来新鲜感和刺激性；另一方面极大满足了普通观众在彼时的社会心理需求，因此受到极大的关注。具体表现在：

首先，原生态式的海选。在“超女”的早期时代，海选是被近乎原生态地呈现在电视上的，素人的青涩紧张、走音跑调以及各路奇葩无所不有的奇怪表现

① 国家广播电影电视总局发展改革研究中心．2006年中国广播影视发展报告（广电蓝皮书）．2006年4月版，第256页

都成为吸引受众的重要看点。事实上，这一方式对传统的“青歌赛”式歌唱选拔节目中所暗含的精英话语方式形成了解构，将在传统话语体系中看来多少有些不那么完美的人和画面直接呈现在电视荧屏上，以粗糙解构精致，用出丑代替完美。如果说“青歌赛”追求的是精致和完美无瑕，那么“超女”则对普通、普遍，甚至是丑陋的人和事进行了有意识地展现，满足观众“审丑”的欲望以及“窥私”的需求。观众看到了和自己一样的普通人在电视上出现甚至是出丑，这种相对真实的状态让在精英话语体系当中浸润多年的中国观众感受到了前所未有的新鲜和有趣，追看、跟随就成为一种必然选择。

其次，全民投票的参与方式。“超女”之所以能够卷入如此多的受众与其通过短信、大众评审等途径创造的全民投票的方式不无关系。这一时期的“超女”在决赛阶段里评委只具备点评的权力而不具备决定选手去留的权力，普通大众才是决定选手去留的“上帝”。节目采用全民投票的方式（或是现场大众评审或是电视机前的观众用短信投票），事实上是将偶像选拔的权力交给了观众，评委的权力和权威性被消解分化，这与以往由专业评委来决定比赛走向的方式形成了极大的反差。而这种权力的移交也极大地刺激了观众的参与欲望，从而一定程度上造就了观众在这档节目中的狂欢式卷入。

再次，淘汰、PK 赛制的集中与放大。“超女”将竞技游戏中的淘汰和 PK 赛制集中放大呈现，成为节目推进叙事的主要动力。“超女”看似有着复杂的赛制和赛程，几个月的时间里反复进行比赛和淘汰，但实际上本质上就是一种竞争和淘汰机制，通过反复的淘汰、PK 甚至复活等，来达到一种残酷性和紧张感，竞技法则本质上满足了人类关于竞赛输赢的一种原始冲动和本能需求，因此受到观众喜爱。但与以往竞赛类节目不同的是，“超女”的淘汰过程更加具有游戏性，观众一定程度上就是这场游戏的玩家，操控着节目中选手的命运走向，而节目所采用的赛制 PK，这个词本身即来自于游戏语汇。

最后，“超女”本质上是一种英雄叙事体，真人秀意味浓厚。它的漫长过程和复杂赛制都是为了完成一场跌宕起伏的平民造星运动，观众通过投票选出自己的偶像，而草根平民则从普通人成长为明星。“想唱就唱”的口号其实是表达了一种个体个性和诉求的张扬，这一英雄叙事路径实际上为观众营造了一个造梦空间，让他们在其中得到极大的代入和满足感。“超女”参与者的草根平民身份让她们成为普通观众的代表，而她们成长为明星的过程背后所隐藏着的平民的胜利的寓意，实际上是对长期以来占据主导地位的精英话语权的一种颠覆的结果，普通人用自己的意志塑造出代表自己的平民偶像，这个过程用充满故事化和情感色彩的真人秀叙事方式所传达，带有典型的英雄叙事的特征。

2. 文化层面的颠覆

《超级女声》在这一阶段的火爆体现在多个方面，它不仅聚集了大批的年轻受众，而且在文化层面也受到诸多的讨论，特别是在其鼎盛发展的 2005 年，有关“超女”的大讨论异常兴盛，批判者有之、捍卫者亦有之，演化成一场不折不扣的社会文化事件。“超女”在文化层面带来的颠覆与震荡无疑是剧烈的，它一经推出便成为当代大众文化的典型范本，以其新鲜而又极具侵略性的姿态攻城略地，对政府主导的主流文化和知识精英主导的精英文化事实上形成挤压，带来了某种层面颇具撼动性的威胁和挑战。

对大众文化的研究是工业化社会文化研究层面的一个重要维度，以法兰克福学派为肇始，大众文化研究的范式和走向在近百年的发展过程中既一脉相承又多元发展。如今，大众文化的文本因技术和渠道的不断发展与法兰克福学派时期产生了巨大的变化，但大众文化的占领姿态却已经达到了一个前所未有的高度。而在中国当代大众文化中，又以电视为最典型代表，电视对于当代中国社会的文化构成和走向起到了决定性的作用，而在电视内容当中，综艺娱乐节目在大众文化构建方面又成为发挥主流作用的一个门类。

《超级女声》在 2004 年的出现和随即的火爆正式开始让大众文化成为电视的一种主流的面孔，电视在中国开始摆脱浓重的精英化色彩，转而以一种更亲民的、更通俗的方式出现，而这也反过来成为这档节目受到极大欢迎和关注的一个重要原因。

“超女”所带来的大众文化视角与此前曾长期占领电视荧屏的精英主义面孔截然不同，它将视角下移，对观众开始以一种平视甚至是仰视的方式来进行交流和对话，观众不再是被动接受者而是积极主动的参与者，不再是被传递者或是被教育者，而是节目必不可少的一个组成部分，决定着节目和选手的走向。观众开始拥有极大权力，这在以往的电视体验中是很少有的，这种新鲜刺激的体验被很多人追逐，形成了“超女”被全民追捧的局面，一场大众狂欢就此开始。电视开始打破相对刻板的面相，打破高高在上的话语表达方式，以一种更加亲民、亲和的姿态虏获了大批人心。

这种带有浓重亲民色彩的大众文化浪潮，让主流文化和精英文化措手不及，甚至引发了一定的恐慌，有关“超女”的批判也随之袭来，渲染一夜成名的风气、过度娱乐化、过度商业化等都是对其诟病所在。如在 2006 年，文化部原部长、全国政协常委兼教科文卫委员会主任、73 岁的刘忠德就三批“超女”，称其低俗、宣扬一夜暴富，毒害青少年，并建议对其进行干预。一时间，对“超女”节目内容的道德评价在网络上蔓延成一场大讨论。刘忠德表示，“超女、超男是对艺术的玷污……它宣传的是一夜暴富的思想、一夜成名的思想……作为政府文化艺术有关管理部门来讲，不应该允许超女这类东西存在。参加超女的被害了，看这个节目的也被害了。”① 而在此后，也有一系列类似言论相继出现，同年 8 月，中央电视台《焦点访谈》也曾以“抵制低俗”为主题，不点名地批评了“超级女声”。

事实上，这种批判在当时的媒介语境下有其土壤和生态，但对“超女”力挺的学者和学派也在这一时期纷纷发声，如高鑫就以“庶民的胜利”来解读“超女”现象，指其是社会转型期民主化诉求的必然，是“庶民的胜利、是电视这一大众传媒的胜利”②。喻国明也对“超女”的低俗化批判本身表示质疑，他曾对媒体表示，“打压一种新生事物的常见手段就是在道德上矮化它。这是很常用的手法，不用太在意。”“每一次时代转换的时候，都会产生对过去文化和传统的留恋，对‘落花流水’的哀婉；另一方面，则是对新的状态没有切实的把握，当然从更功利的角度来说，可能是某一方面的话语权和势力范围受到了挑战，有些人就会做出某种比较极端的反应，我觉得这也是很正常的。”“政府真正管的应该是边界，是游戏规则。这种管理应该是普遍的，公平的，而不应该是厚此薄彼的；更不能对不同的企业、机构有不同的政策，不能因为与己的远近亲疏而采取两套标准，更要设法切断领导机关和下属企业的利益连线。”③

---

① “火”过第三年，成熟的“超女”更美丽．红网，http：//www.mgtv.com/huodong/2006supergirls/news2098.htm

② 高鑫．《超级女声》：电视本体理念的思考．现代传播，2006（6）：57~61

③ “超级女声”背后的文化悖论．瞭望东方周刊，2006 年 5 月 31 日，http：//ent.sina.com.cn/y/2006-05-31/16031104430.html

总之，倒“超女”者有之，挺“超女”者亦有之，“超女”成为这一场社会文化大讨论的漩涡中心，结果是双方都做了妥协和退让，在此后一个时期里主流文化通过行政手段对以“超女”为代表的选秀节目进行了限制，实际上是几种文化之间的一种较量和博弈的结果，而“超女”自身也在这种社会舆论中不断被影响与裹挟，进行自身的调整。而无论如何，“超女”所带来的文化层面上的颠覆是其取得“现象级”成功的一个重要维度。

3. 商业层面的颠覆

在《超级女声》之前，中国电视娱乐节目的营销方式和盈利规模处于一个相对原始和低水平的阶段，以广告售卖为主要方式，但规模和体量并没有达到一个很高的程度，“超女”开启了中国电视娱乐营销的新局面，同时也在内容产业链上进行衍生开发，让电视娱乐资源价值得到了空前的释放。

2005 年《超级女声》，蒙牛以 2800 万买断其冠名权，并投资近 8000 万元用于公交车、户外灯箱和广告牌、各类媒体广告的投放等，并启用 2004 年“超女”季军张含韵为代言人，创作主题曲《酸酸甜甜就是我》，并在线上线下展开形式多样的营销活动，与“超女”形成深度捆绑和营销的态势。据统计，蒙牛旗下的酸酸乳系列产品从 2005 年 1 月到 6 月在全国的销售额比前一年同期增长了 3 倍，成为整合营销的经典案例。

同时，《超级女声》在商业层面上的另一个颠覆就表现在其开创性地对节目品牌资源进行市场化的运作，“超女”从一个著名的电视节目品牌开始，在广告招商、短信收入以及衍生品开发上进行了一系列探索，展开了海陆空多维度的价值探索和释放，这种商业化的开发态势，在以往的电视节目中是很少看到的。例如，2005 年《超级女声》总决赛的广告报价为 15 秒插播价 11.2 万元，创下了当时的纪录；同时，在短信投票上的收入也超过 3000 万元；2004 年天娱公司也应运而生，对“超女”艺人经纪和品牌衍生进行开发，天娱传媒也自此成为体制内市场化运作的一个重要代表和主体，一直在致力于挖掘和制造青年文化市场价值。

《超级女声》开启了中国电视娱乐节目娱乐营销和价值链开发的新篇章，在以往，电视节目的宣传属性、审美属性要大于其商品属性，而从“超女”开始，电视节目的产品属性被极大放大，电视节目策划、传播、营销等产业链上的各个端口都被纳入了产品生产的环节当中，实际上成为一种颇具市场属性的娱乐产品，内容制作者开始实现转型升级，从创作者演变成产品的生产者和运营者，“超女”在商业层面的多个维度上实现了颠覆，而电视综艺节目商业价值的释放客观上对其自身的发展形成了助推的作用。

（二）电视选秀的泛滥与衰退

《超级女声》的火爆带动了电视选秀节目在中国的集中爆发。2006~2007年电视歌唱选秀节目遍地开花，《梦想中国》《我型我秀》《加油！好男儿》《名师高徒》等不一而足。这股旋风甚至吹到了海峡对岸，台湾的《超级星光大道》《超级偶像》等在当时也取得了极大的成功。而在此后的几年中，音乐选秀也一直都是中国电视荧屏上没有缺少的一个重要品类，一直延续至今。而选秀节目的数量增长的同时，在题材上也被不断拓展，呈现出泛化发展的趋势，例如以演员选拔等为主题的选秀节目也开始出现。而随着选秀节目的集中爆发和发展，最终因自身资源和观众注意力资源的过度消耗，以及一系列政策和舆论的限制之后，电视选秀节目逐渐走向了衰退。

1. 选秀节目数量、题材泛化拓展

中国电视进入市场化竞争以来，同质化就成为一个难以摆脱的特性，一方面是由于频道数量的过剩导致了内容需求和容量的过剩，而跟随和复制在市场竞争中是最保险的一种策略，因此在“超女”受到追捧之后，一系列选秀节目也开始出现在电视荧屏上。从2004~2007年的几年中，中国电视全面进入电视选秀的时代。

首先，电视选秀的数量在短时间内得到膨胀式增长。有点实力和抱负的电视台在这一时期都相继上档了平民选秀类的节目。在这一时期，湖南卫视的《超级女声》、东方卫视的《我型我秀》和中央电视台的《梦想中国》被称作是电视选秀节目的“三驾马车”。除此之外还有其他频道的一些歌唱选秀节目相继上档。如江苏卫视的《绝对唱响》《名师高徒》，安徽卫视的《超级新秀》等。

其次，电视选秀的题材得到扩展，不仅局限于歌唱选秀，舞蹈、演员、综合才艺都成为选秀的目标和载体。这一时期比较有代表性的有北京电视台的演员选拔节目《红楼梦中人》、东方卫视的男性偶像选拔节目《加油！好男儿》、重庆卫视的演员选拔节目《第一次心动》以及开播于2010年的东方卫视平民才艺选拔节目《中国达人秀》等。

再次，电视选秀开始从央视、卫视向地面频道和城市台蔓延辐射，很多家地面频道开始推出基于自身本土特色的选秀活动，以贴近性和本土性而受到本土电视观众的欢迎，平民选秀开始成为一种最大众、最亲民的电视形态。

表 4-1 2004~2010 年，各电视频道推出的代表性选秀节目

节目名称	播出频道	题材类型	开播时间
《超级女声》系列	湖南卫视	歌唱类选秀	2004 年
《我型我秀》	东方卫视	歌唱类选秀	2004 年
《加油！好男儿》	东方卫视	综合性选秀	2007 年
《中国达人秀》	东方卫视	才艺类选秀	2010 年
《梦想中国》	中央电视台	歌唱类选秀	2004 年
《绝对唱响》	江苏卫视	歌唱类选秀	2006 年
《名师高徒》	江苏卫视	歌唱类选秀	2007 年
《红楼梦中人》	北京电视台	演员选拔类	2006 年
《第一次心动》	重庆卫视	表演类选秀	2006 年
《超级新秀》	安徽卫视	表演类选秀	2006 年
《天使任务》	山东卫视	表演类选秀	2006 年
《极限高歌》	湖北卫视	歌唱类选秀	2007 年
《全民星偶像》	广西电视台	综合才艺选拔	2006 年
《我唱我秀》	济南电视台	娱乐加体育选拔	2006 年
《魅力大妈总动员》	青岛电视台	才艺选秀	2006 年

2. 电视选秀的审美疲劳与衰退

2006 年可以被看作是这一轮电视选秀热潮的鼎盛时期，多档选秀节目在这一年上档，选秀开始成为中国电视荧屏中的绝对主角。而随着各频道大量此类节目的上档，这一类节目的资源受到了极大的消耗，而这种资源消耗体现在电视观众的注意力资源、选手资源等，选秀类节目在中国迅速进入了一个审美疲劳期。此时，一些节目在制作过程中为了吸引眼球而采用一些极端和触碰底线的制作和营销手段，电视选秀在这一时期确实出现了一些低俗化倾向，引发了观众的厌倦和主流文化的反感。

2007 年是电视选秀在这一时期的转折点，年初，广电总局下发文件对选秀节目进行规范，选秀节目的数量和形式得到调控。2007 年 2 月 7 日，国家广电总局发布《广电总局关于加强群众参与的选拔类广播电视活动管理的通知》，对选秀节目的数量进行整体调控，要求提前报批；对选秀节目播出的时间进行控制，原则上不超过两个月；对参与主体进行规范，参与者原则上要在18岁以上，评委、主持人等的着装、发型、语言不能低级低俗媚俗；不得随意炒作、避免追星逐利等负面效应。

2007年8月，重庆卫视《第一次心动》直播时评委与选手发生正面冲突，被指责恶意炒作，造成不良社会影响，并被广电总局叫停整顿。《第一次心动》也成为第一个被广电总局中途叫停的选秀节目。此后的9月15日，广电总局又出台了一系列具体管理措施和细则，进一步规范群众参与的选拔类广播电视活动和节目。

要求举办群众参与的选拔类活动需提前三个月报批，自“2007年10月1日起，各省级、副省级电视台上星频道所有群众参与的选拔类活动不得在19：30~22：30时段播出。举办群众参与的选拔类活动的后续巡演等各类活动，不得在各级电视台上星频道播出。”“各省级、副省级电视台上星频道举办、播出群众参与的选拔类活动原则上每年不超过一项，每项活动播出时间不超过两个月，播出场次不超过10场，每场播出时间不超过90分钟。其中，决赛的最后一场可以采用现场直播方式，并至少延时1分钟播出，确保不出问题。分赛区活动不得在各省级、副省级电视台上星频道播出。要设立科学的评选标准和赛事规则。不得采用手机投票、电话投票、网络投票等任何场外投票方式。场内投票方式要公开、公平、公正，不得以各种方式误导、诱导观众投票。各种群众参与的选拔类活动一律不设奖金奖品。”① 除此之外，还对选手、主持人、评委、嘉宾等都进行了规范性的规定。

这些规定的出台，事实上对电视选秀节目的核心要素进行了限制，比如直播、海选、故事化、煽情化的叙事方式等，并且从数量上进行总体调控，最终将此类节目推到了不可避免的衰落期。到2008年，由于汶川发生地震以及北京奥运会的到来，再加上调控措施的进一步显现，选秀类节目数量剧减，2007年之前的风光局面不再，一直到2011年，电视选秀一直存在于电视荧屏上，但处于相对比较弱势的局面。电视选秀的“七年之痒”、电视选秀将死的论断不时涌

① 国家广播电影电视局.《广电总局关于加强群众参与的选拔类广播电视活动管理的通知》细则

现。事实上，电视选秀的兴盛在于其对过往电视话语方式、商业模式和社会文化的颠覆和再造，具有极强的社会心理因素。而其衰落也是主客观多重因素作用下的结果，总之，从2004年到2011年电视选秀节目经历了从兴盛到没落的一个过程。

二、“后选秀时代”的探索

从2007年开始，电视选秀开始走入一个相对衰落的时期，到2011年的这段时间，被学界称作“后选秀时代”，后选秀时代是一个不断探索前进的时代，新的节目类型和电视表达方式在这一时代孕育生长，为后续综艺节目的发展奠定了基础。

后选秀时代的一大特点便是继承和发展并存，各大频道都试图在选秀节目之外去探索新的节目类型的创新发展，音乐舞蹈类节目在这一时期出现了一些新的变化和探索，甚至选秀节目本身也出现了新的现象和特点。情感故事类节目在这一时期占据着很多人的视觉，成为投资回报比相当高的一种节目类型，但由于其节目性质导致的低俗化倾向在后续发展中也特别明显，魔术综艺类、娱乐脱口秀类等也在这一时期有所发展和建树，它们中的一些甚至成为经典的电视节目形态延续至今。

（一）才艺类节目的继承式革新

在后选秀时代，才艺类节目依旧是电视综艺荧屏延续下来的主流类型，但在选秀的节目形态之外，新的节目类型和方式也在探索当中。如全民K歌节目《我爱记歌词》《挑战麦克风》等，以及舞蹈才艺秀《舞林大会》《舞动奇迹》等，达人选拔类节目《中国达人秀》《中国梦想秀》等，都是才艺类节目继承革新的成果。

浙江卫视从2008年开始进行改版升级，打出“中国蓝”的频道品牌定位，推出一系列周播综艺节目形成“综艺纵贯线”，在几年时间里凭借着这样的策略定位实现迅速发展，其中就包括一些全新形态的才艺类节目的推出。以《我爱记歌词》《爱唱才会赢》《我是大评委》为代表的才艺选拔类节目都是在这一时期被推出的。

《我爱记歌词》同样主打歌唱竞技，但参与主体、选拔标准却与“超女”式的歌唱选秀节目完全不同，不比歌喉、不比音准，而是看谁唱歌词最准确，弱化竞技性，综艺娱乐的属性则得到加强。《我爱记歌词》来自一档国外的模式节目

《歌唱小蜜蜂》（*The Singing Bee*），它同样延续了平民参与的方式，虽然不以造星为目标，但因其形式内容的亲民化而受到观众的欢迎。这种“全民卡拉 OK 运动”迅速蔓延，数家电视台都在 2009 年左右相继推出这类节目。如湖南卫视的《挑战麦克风》、江苏卫视的《谁敢来唱歌》、贵州卫视的《我为麦克疯》、山东卫视的《先声夺人》、湖北卫视的《大家来唱歌》《超级星期六》《综艺大满贯之金曲 100 大挑战》《周日狂欢夜》等都是同类的节目。

这一时期，受到来自欧美流行节目的影响，舞蹈竞技类节目也开始出现在电视荧屏上，东方卫视于 2006 年推出的《舞林大会》以及湖南卫视于 2007 年推出的《舞动奇迹》都是明星舞蹈挑战竞技类的节目，前者模仿美国版的《与星共舞》（*Dancing with the Stars*），后者则引进自 BBC 的同名节目《舞动奇迹》（*Strictly Come Dancing*），都是明星挑战类的舞蹈节目，实际上是明星综艺的一种全新探索。

从 2009 年开始，由于受到央视春晚魔术节目的火热带动，一些魔术综艺类节目在这一时期开始出现，实际上也可算作是才艺类节目的一个细分化的类别，包括央视的《魔法奇迹》、湖南卫视的《金牌魔术团》、东南卫视的《全民大魔竞》、深圳卫视的《奇迹之门》等，但因为此类节目本身题材、表现手段以及接受度的局限，风潮并没有延续很长时间。

才艺选秀类节目在这一时期也开始进行多元化的探索，东方卫视 2010 年推出的《中国达人秀》在收视和口碑上都取得不错成绩，成为后选秀时代里选秀节目的代表。《中国达人秀》是中国电视真正意义上成功引进制作的模式节目，它的创意、制作方式都来自国外，东方卫视将 *Fremantle Media* 的才艺选秀模式《达人秀》（*Got Talent*）引进制作，严格遵守节目宝典（Bible）中规定的人物设置、环节设置、制作方式等进行制作，保证节目的品质，同时进行了中国本土化的一些改造，如强调个体情感故事化的叙事等，最终，这一真正意义上的平民才艺选拔节目，因模式节目的引进与操作而在品质和制作方式等方面带来多方面的启示与借鉴。在“达人秀”的带动下，此后中国电视荧屏上相继出现了一系列“达人类”的才艺选拔节目，如浙江卫视的《中国梦想秀》、山东卫视的《中华达人》等。而“达人类”的选拔模式也被很多节目所借鉴和运用，一直延续到后来的很多节目类型如演讲类节目、喜剧类节目中去。

（二）情感故事类节目占领荧屏

情感类节目的崛起是“后选秀时代”的又一个重要的现象和标志，2007 年开始，以《人间》（江苏卫视）、《人生》（贵州卫视）为代表的情感类节目开始在这一阶段大行其道，草根大众的情感与故事在这些节目中轮番上演，引发了观众的代入感，此后一大批相关节目先后出现，《幸福魔方》《金牌调解》《分手擂台》《8090》等都曾受到过关注和欢迎。

这类节目以普通人的情感故事为展示和聚焦的内容，节目中会设置主持人作为故事的倾听者、心理或者法律类专家作为话题疏导的重要一环、现场观众作为故事的聆听者，而一个个普通人作为嘉宾来到现场，讲述自己在生活中和情感上的困难与困惑，主持人和嘉宾在聆听的过程中试图去开导和解决嘉宾带来的问题。家长里短、人情世故、情感困惑往往成为这些节目的话题所在，而节目通常会请当事人来到现场进行正面交锋，剑拔弩张成为主基调。此类节目的叙事模式也采用了故事化的方式，在这当中，悬念、冲突、人物等故事讲述的基本要素在节目中被放大呈现和集中展示。正是因为题材的亲民性和讲述方式的故事化，让这类节目受到极大欢迎。

表 4-2　这一时期各频道开播的情感故事类节目代表作

节目名称	播出频道	开播时间
《真情》	湖南卫视	2001 年
《大家》	浙江卫视	2003 年
《财富故事会》	央视	2005 年
《雾都夜话》	重庆卫视	2006 年
《传奇故事》	江西卫视	2006 年
《人间》	江苏卫视	2007 年
《超级情感对对碰》	深圳卫视	2004 年
《人生》	贵州卫视	2009 年
《爱情保卫战》	天津卫视	2010 年
《8090》	湖南卫视	2010 年
《幸福魔方》	东方卫视	2011 年

而这类节目风行荧屏、受到极大欢迎的背后，有其深刻的媒介环境和社会心理原因：

首先，此类节目将草根作为表现的主要内容与手段，普通人的情感和故事在这些节目中轮番上演，这样一方面满足了观众的窥私欲望，同时也达到了一定的社会观照的目的。观众从这些普通人的故事当中获得心理和情感上的共鸣，同时在笑与哭之中达到对自身生活状态的一种观照，因而引发了很高的收视热度，将中国电视的草根风潮推向了新的高度。

其次，此类节目契合了社会转型期电视观众的一种情绪疏导的需求，现实生活中普遍存在一些压抑、愤懑的情况，有排解和疏导的需求，而电视这种大众媒体上演的情感类节目因其强烈的情感诉求和集中化的叙事方式成为这种情绪疏导的重要通道。

情感类节目的称谓本身就极具本土特色，也体现出此类节目的核心和特质所在。身处转型期的中国社会，社会经济与文化环境的快速发展，让每一个人的内心多少都有些不安和焦虑，缺乏安全感是当代人社会心理的一个普遍特征。社会心理需要观照，社会情绪需要宣泄与释放，情感类节目将草根作为表现的主角，他们来到节目表达着自己的情感故事、喜怒哀乐，而电视机前的普通观众也能够从这些同他们一样的普通人的故事中得到共鸣、观照与宣泄。

但此类节目在发展的过程中，却存在部分低俗化的倾向，为了吸引眼球大打擦边球，在话题尺度和创作方式等方面存在违规的现象，为了表现出戏剧性和冲突性，甚至请演员来演故事。这样的一些现象，事实上将此类节目带入了危险的境地，观众产生抵触心理，也引发了管理机构从行政手段上进行调整和规范。2008 年开始，广电总局多次出手对这类节目进行调控，《超级情感对对碰》《人间》《人生》《真情》等节目相继被叫停。2008 年 12 月 25 日，广电总局向全国各地方台下发了一则“整改令”，禁止情感类节目低俗化。2010 年，广电总局下发《广电总局办公厅关于加强情感故事类电视节目管理的通知》对情感故事节目的低俗化和造假现象再次进行管理和调整。

“情感”是此类节目的标志，也是他们获取观众的法宝，但由于非理性竞争，此类节目在这一时期大量出现，但品质则良莠不齐，有些节目为了获取高收视率，在题材选择和剪辑制作方式上开始打擦边球，出现了很多低俗化倾向，一些节目为了制造所谓冲突性和戏剧性，甚至采用搬演等方式来制造卖点，偏离了此类节目最初的目标和本质，将此类节目带入了危险的边缘。采用煽情的手段来有意识地制造一些故事和话题，表面上是迎合或者观照转型期大众心理，实则不少节目在价值观方面都有所偏离。观众对此类节目产生了日益严重的审美疲劳，最终将这类节目带向了没落。

（三）娱乐脱口秀、访谈类节目的成长成熟

“后选秀”时代的节目探索中，娱乐脱口秀的成长与成熟是一大现象，在这一时期，一些带有很强综艺化、娱乐性质的脱口秀节目出现并且获得了自己的成长空间，有一些甚至一直延续到当下成为一种长青的电视节目类型。

在这当中最具代表性的就是湖南卫视于2008年推出的娱乐脱口秀节目《天天向上》，这档节目融访谈、表演、演唱、展示、情景短片等多种元素于一身，是一档带有强烈综艺性的电视娱乐脱口秀节目。节目用娱乐搞笑的手段传递出丰富的内容，每期设置不同主题，传递中华文化、介绍各地民俗风情、各类职业领域以及世界文化风情等，带有很强的知识性和文化性，因题材的丰富和手段的娱乐化而受到观众欢迎，直到现在一直都是湖南卫视周五档的固定节目。

《天天向上》受到欢迎并且具有很强的不可复制性，主要是基于几个方面的原因：首先，是节目内容形态的创新，即创造了丰富庞杂的娱乐脱口秀的形态让观众从娱乐中获得信息知识，因此受到追捧；其次，节目首创“男子偶像主持团”的概念，由汪涵、欧弟、田源、俞灏明、钱枫、小五等组成的主持团体各有分工、各有代表性，产生了很强烈的化学反应，取得很好的效果；再次，节目制作上具有的历史传承性，为其进行了经验和人才上的储备，《天天向上》团队由湖南经视《越策越开心》团队打造，将湖南的“策”文化进行更大众化的打造与传播，基因决定了节目的基本品质。

除了《天天向上》之外，2008年代替《幸运52》上档的《咏乐汇》也属于娱乐脱口秀的范畴，这档节目是以主持人李咏邀请朋友做客吃饭为形式，期间展开访谈，嘉宾包括经济商业领域的风云人物、科技界的大腕、文化体育界的名人、电影明星等，在节目中与李咏一起畅谈人生和生活故事。节目采用了较为新颖和轻松化的方式，营造轻松愉快的访谈氛围，主持人李咏是这档节目的核心和卖点所在。

此外，周立波的《壹周·立波秀》也将颇具地域文化特色的海派清口搬上了电视荧屏，对社会新闻和热点进行犀利幽默的评说，以周立波脱口秀表演和嘉宾现场访谈为核心内容，让观众在笑声中去感悟生活。2010年，《壹周·立波秀》开始在凤凰卫视作为特别节目播出，实际上借鉴了美国著名脱口秀明星节目《深夜秀》，2012年移师浙江卫视，并进行了相应的改版。

李静的《超级访问》《非常静距离》等娱乐脱口秀节目在这一时期也进一步得到发展，鲁豫的《鲁豫有约》；东方卫视的《杨澜访谈录》；湖南卫视的《天下女人》《背后的故事》；北京卫视的《五星夜话》；重庆卫视的《龙门阵》等；天津卫视的《综艺食8街》《津夜嘉年华》；江西卫视的《娱评天下》；辽宁卫视的《新笑林》《超级乐八点》；四川卫视的《天下笑友会》；安徽卫视的《剧风行动》；湖北卫视的《挑战智力王》《挑战笑话王》《挑战电视王》《世界大不同》等节目也都在这一时期成长发展，成为一类重要的节目类型。

表4-3 这一时期频道开播的娱乐脱口秀、访谈类节目代表作

节目名称	播出平台	首播时间
《娱评天下》	江西卫视	2005年
《津夜嘉年华》	天津卫视	2007年
《综艺食8街》	天津卫视	2007年
《龙门阵》	重庆卫视	1998年
《五星夜话》	北京卫视	2010年
《咏乐汇》	CCTV2	2008年
《天天向上》	湖南卫视	2008年
《背后的故事》	湖南卫视	2008年
《壹周·立波秀》	凤凰卫视、浙江卫视等	2010年
《天下女人》	湖南卫视	2013年

（四）服务类节目的综艺娱乐化探索

这一时期，泛真人秀和泛娱乐化是综艺娱乐节目发展的一个普遍特征，传统意义上的服务类节目在这一时期也开始寻求综艺化的生存与发展。婚恋交友节目《非诚勿扰》事实上是生活服务的主题披上了娱乐节目的外衣，或者说娱乐节目找到了婚恋主题，然后嫁接出来的一个品类，并在后选秀时代里创造了素人节目的又一次风潮。

除此之外，以职场求职为核心诉求的节目在此时也开始用综艺化手段进行表达，天津卫视开播于2010年的《非你莫属》、江苏卫视与中国教育电视台一频道播出的《职来职往》等都是典型代表。事实上，在2003年左右，国外真人秀节目进入中国以后，求职类的真人秀节目在彼时的中国电视荧屏上也曾出现过，以美国NBC《学徒》（*The Apprentice*）为蓝本，中国版也在不同的频道相继上演。如央视的《绝对挑战》《赢在中国》；东方卫视的《创智赢家》等，都是素人参与真人秀职场节目，每期有任务有挑战，经过评委的评审最终选出获胜者，获得一份工作或者创业的机会。

《非你莫属》《职来职往》类的职场求职节目却与之不尽相同，它模拟了真实的求职现场，营造了一个由求职者、BOSS团、主持人所构成的话语空间，在这场真实的求职过程中有话题的交锋乃至对抗，求职者接受BOSS团的评判，最终获得工作机会或者遗憾离场。亮灯、灭灯的形式让正常交锋颇具形式感与紧张感，素人在其中展现自己的样貌与状态。形式上的创新、主持人与嘉宾的恰当选择，再加上契合社会需求的“找工作求职”的主题，为这类节目的生存带来空间。此后，这类节目因其贴近性在一些地面频道也有自己的本地化版本，如辽宁北方频道的《超级面试》、陕西都市青春频道的《职等你来》、安徽电视台的《职在必得》、宁夏卫视的《职场好榜样》、山东公共频道的《职行天下》等。这些全新样态的服务类节目的出现实际上改变了过往生活服务节目的表达方式和样貌，用更综艺化、真人秀化的方式来传递生活服务的内核。

表4-4　这一时期各频道开播的职场求职类节目

节目名称	播出平台	首播时间
《非你莫属》	天津卫视	2010年
《职来职往》	中国教育电视台	2010年
《超级面试》	辽宁北方频道	2010年
《职等你来》	陕西都市青春频道	2013年
《职在必得》	安徽电视台	2013年
《职场好榜样》	宁夏卫视	2012年
《职行天下》	山东公共频道	2013年

三、相亲交友类节目崛起兴盛

2010年年初，江苏卫视《非诚勿扰》开播，从此在中国电视荧屏上又引发一股热潮：电视相亲热。电视相亲热事实上也是这一时期以素人为主角的中国电视综艺荧屏的某种程度上的深化与延续。《非诚勿扰》一经推出便引发了热议与关注，并成功将中国电视综艺带入了相亲交友热之中。这一时期里，先后有《我们约会吧》（湖南卫视）、《爱情连连看》（浙江卫视）、《谁能百里挑一》（东方卫视）、《缘来是你》（安徽卫视）、《爱情来敲门》（山东卫视）、《相亲相爱》（山东电视台综艺频道）、《完美邂逅》（贵州卫视）等多档相亲交友类节目相继呈现在荧屏上，最鼎盛的时期里，观众在每周的任何一天里都能看到相亲交友类的节目，有时候甚至不止一档，相亲，通过电视这一大众媒介的传播在这一时期成为一个全民性的话题。

表 4–5　这一时期各频道推出的相亲交友节目代表作

节目名称	播出频道	首播时间
《非诚勿扰》	江苏卫视	2010 年
《我们约会吧》	湖南卫视	2010 年
《爱情来敲门》	山东卫视	2010 年
《百里挑一》《谁能百里挑一》	东方卫视	2010 年
《完美邂逅》《非常完美》	贵州卫视	2011 年
《缘来是你》	安徽卫视	2009 年
《爱情连连看》	浙江卫视	2011 年
《称心如意》	湖南卫视	2012 年

事实上，相亲类节目在 21 世纪初便曾掀起过一轮发展的小高潮，以湖南卫视《玫瑰之约》为代表的相亲交友类节目借鉴港台同类节目的理念，打造出相亲交友的娱乐化范式，随后中国电视的相亲交友热潮被浩浩荡荡的选秀潮流所取代，在几年后又卷土重来，却带着全新的面貌与方式。

事实上在这一时期，草根相亲秀能够在中国取得成功有着多方面的原因，其中以《非诚勿扰》最具代表性。从 2010 年开播后便迅速引爆话题，成为当之无愧的现象级节目，此后的几年中，《非诚勿扰》都让江苏卫视在周六和周日晚间档占据着绝对的霸主地位，很长时间以来，《非诚勿扰》都是一周双播，受到观众持续的喜爱。一直到 2017 年，尽管这档现象级节目已经走入了发展周期的后半段，但其在周六晚间的影响力依旧不容小觑，其品牌影响力还在持续发挥之中。

《非诚勿扰》将相亲节目的成功元素进行了极致化打造，因而取得了极大的成功。其获得“现象级”成功的主要原因体现在以下几个方面：

第一，话题切中社会议题。当下中国，随着城市化和工业化社会的到来，产生了一些普遍的社会性问题，年轻人的婚恋交友便是其中之一。年轻人在恋爱婚姻上的观念和方式发生了深刻的变化，价值观和婚恋观逐渐多元化，并且牵扯到每一个普通家庭，婚恋交友的问题逐渐成为一种普遍的社会现象。将焦点对准这一话题，并通过电视手段进行极致化的放大与呈现，能够吸引到广泛的收视人群。婚恋交友在这一时期开始成为一个具有社会性的大众化议题。

第二，内容形式上的革新性。《非诚勿扰》之前，也曾有《玫瑰之约》等素人相亲节目在中国电视荧屏上出现过，与之相比，“非诚”在形式上进行了多重革新，并且由于这种革新的极致性，让《非诚勿扰》在大量同质化的节目中脱颖而出。这档节目的模式来自国外的约会节目 *Take Me Out*，与以往的相亲节目相比，这档节目的冲突性更强，一男对多女的形式，更容易形成话题交锋的场域，有关婚恋交友的话题和观点在这里齐飞。

以 80 后为代表的群体，对于婚恋交友等都有着自己的看法和观点，并且他们也乐于在电视这样的公共场域去表达自己，真实的对抗与冲突，是这档节目获得受众普遍关注的一个重要原因。以一对多、亮灯灭灯的形式，从客观上强化了戏剧性和冲突性，同时鼓励观点的碰撞交锋，戏剧张力十足，让电视机前的观众在这种不时出现的观点对抗中代入进来，而婚恋主题的社会性和大众性也让节目的受众面得到拓展。

以《非诚勿扰》为代表的相亲交友节目为了规避政策风险，纷纷打出了生活服务类节目的旗号，但本质上来讲，这类节目也可称作是一场真人秀，有人物塑造、有对抗、有冲突，戏剧性十足。而嘉宾们在其中扮演的是社会角色，是普通观众的代言人和发言人，这种真人秀特性和功能角色在节目初期表现得尤为明显，因此在开播没多久，《非诚勿扰》式的相亲节目受到了一定的争议，行政手段也对其进行了调控。

2010 年 6 月《人民日报》发文称相亲节目低俗化，“一时间，电视上的红男绿女，大谈拜金、享乐，一批‘个性十足’的男女嘉宾迅速蹿红网络，成为家喻户晓的‘明星’，随之也引起社会广泛争议。”同时，央视《焦点访谈》等媒体也对相亲类节目的造假等现象进行了质疑和炮轰。2010 年 6 月 10 日，面对一些相亲交友节目中出现的问题，国家广电总局正式下发了《广电总局关于进一步规范婚恋交友类电视节目的管理通知》及《广电总局办公厅关于加强情感故事类电视节目管理的通知》两份正式文件，通知中规定电视台“严禁伪造嘉宾身份，欺骗电视观众”、“不得选择社会形象不佳或有争议的人物担当主持人”、“不得讨论低俗涉性内容，不得展示和炒作拜金主义等婚恋观”。

随后，《非诚勿扰》等婚恋交友节目进行了一系列调整：在嘉宾的选择上，减少了有争议的人物的出现，在现场嘉宾的设置上，有了黄菡这样的专家型嘉宾的角色，对话题进行把控。总之，调整后的节目冲突性和对抗性一定程度上减弱了，实际上是保护了此类节目使其没有被迅速消耗掉，并且长期保持在一个相对规范和主流的范围之内，但从本质上来讲，相亲节目获取观众的核心特质并没有被改变，因此尽管面临着其他类型节目的相继崛起，面临着转型的问题，但《非诚勿扰》在六年内一直在坚持，并且获得了市场的认可和关注。

《非诚勿扰》不仅带来了中国电视荧屏的全民相亲热，而且将省级卫视的竞争格局带入了一个全新的状态，以江苏卫视为代表的卫视在这一时期内迅速崛起，改变了湖南卫视在省级卫视中一家独大的现象，让更多卫视看到了发展和追赶的可能性，开始谋求变革和发力，这也是“非诚”这档节目带来的另一个意义和价值。

相亲交友节目在2012年之后开始迅速进入衰退期，除了《非诚勿扰》等几档代表节目之外，其他节目都已经停播或者整改，随着素人综艺在中国的式微而进入发展的低谷。而在相亲交友类节目进入发展低潮之后，2017年又有回暖的迹象，包括电视台和视频网站相继推出数档相亲交友类的节目，在内容、形态和传播模式上都进行了创新。

第二节　发展特征

从2004年到2011年这七年当中，中国电视综艺实现了快速的发展，其发展速度和态势超过了此前的任何一个时期。可以看到，电视综艺在这一时期开始从边缘走向主流、从封闭走向开放、从精英化走向大众化，电视综艺形态内容变化的背后是整个行业在体制、文化等多方面上进行调整和转向的结果，这快速发展的十年为中国电视综艺后续进一步的市场化和国际化奠定了基础。

一、素人成绝对主角

中国电视综艺在发展期的这七年里有着很多的阶段性特征，从参与主体和表现主体来看，素人是这一阶段综艺节目中的绝对主角，平民化和草根性是这一时期电视娱乐的主要特质。

（一）平民造星和草根娱乐成电视综艺中的核心内容

纵观这一时期的主流电视节目类型，无论是以《超级女声》为代表的素人选秀节目还是以《人间》为代表的情感故事类节目，抑或是以《非诚勿扰》和《非你莫属》为代表的相亲交友节目和职场求职节目，都是以普通的素人为参与主体。

《超级女声》式的选秀节目遵循的是平民造星的叙事路线和内核，与观众无异的普通人在节目中完成了一个从平民到明星的造星过程，而正是电视机前的普通观众亲手将这些普通人推上了明星与偶像的位置，平民参与、平民造星、平民偶像，是“超女”的时代特征，也是其能够演化为一场社会文化现象的最主要的原因。

而以《中国达人秀》为代表的达人类选秀节目则是草根娱乐的典型代表，节目中参与者不限年龄、性别、职业和才艺，只要自认为有一技之长并且怀揣梦想和故事就可以在节目中得到展示的舞台和空间，如果说“超女”是偶像选拔与平民造星，有着商业和产业链上进一步开发的规划，那么“造星”对于《中国达人秀》来说只不过是一种附属产品，平民的自娱精神和背后的经历与故事才是观众想看到的。《非诚勿扰》式的相亲交友节目与《非你莫属》式的职场求职类节目则是将电视综艺与社会性主题相嫁接，制造出属于普通大众的社会性的娱乐综艺节目。

（二）社会文化土壤与历史发展阶段造就的素人狂欢

这一时期之所以出现素人占领荧屏的局面，是由多方面的原因造就的，但归根到底无外乎两点：一是社会文化土壤；二是电视综艺所处的历史发展阶段。

进入21世纪以来，中国社会经济与文化都进入了一个全新的发展阶段，经济和社会生活进入转型期，经济社会高速上升的时期，社会心理和大众生活必然带上一些转型期发展的独特特征。转型期社会压力普遍较大，社会情绪需要疏导的出口，作为大众文化载体的电视就自然承担起了这样的疏导作用。而综艺节目作为电视媒体中最具亲民性和最大众化的节目类别，在这种功能的承担上自然不言而喻。

于是，社会性和平民化成为这一时期电视节目的主要特征。婚恋相亲、职场求职的主题与当下人们的工作生活息息相关，用颇为娱乐化的方式加以呈现便受到人们的追捧；家长里短、恩怨情仇是每一个人在生活中的日常状态，它们中的极端化个案在情感故事类节目中加以呈现后就成为人们实现窥视他人生活与进行自我观照的极佳渠道；人们对社会文化建构的话语权要求越来越大，对自我个性和生活状态展示的欲望也越来越强烈，于是选秀类节目的出现便满足了人们这种自我表达和个性张扬的诉求，因而受到欢迎。

素人节目在这一时期的兴盛，与中国电视综艺节目所处的发展阶段和历程也有着密切的关系。这一时期，中国电视综艺的创作者们开始积极关注国外电视节目的发展动向，因而国外一些经典电视节目模式被相继引进制作，《超级女声》《非诚勿扰》等节目背后都有国外电视节目模式的影子，《中国达人秀》更是直接引进制作的。国外特别是欧美国家的模式节日中有很大一部分都是素人节目，因此这一时期的中国电视也离不开素人的影子。与此同时，尽管中国电视综艺的制作手段和方式在这一时期有了很大的发展，但还是处于相对低水平发展的阶段，制作上的投入并不算大、制作水准也有待提高，再加上整个娱乐工业体系还不够发达，相对低成本和简单化的素人节目自然是这一时期电视创新发展的一个主要的方向。

二、真人秀泛化、故事化成综艺节目叙事核心

西方真人秀节目的样式和理念从21世纪初开始进入中国以来，既有成功的案例，也有失败的例子，以《幸存者》《老大哥》为代表的社会实验性竞技类真人秀在中国就遭遇了水土不服，但才艺类选秀节目却受到了极大欢迎。事实上，才艺选秀节目在西方的电视体系中并不算严格意义上的真人秀节目，但在中国却成为真人秀节目的一种典型类型。

竞技性、目标性、淘汰制、真实记录与故事化叙事是真人秀节目的基本元素和特质，也正因为这些特质的存在让其与电视这种传播方式形成了天然的契合。于是自从诞生之后便受到了来自世界各地观众的欢迎，在中国也不例外。在这一时期，以选秀节目为代表的真人秀节目得到迅速发展与扩张，并在此过程中完成了制作方式和理念的成长与洗礼。不仅如此，很多电视节目也开始借鉴真人秀节目的理念和方式，真人秀节目的精髓和要素在一些节目如相亲交友节目中开始被有意无意地借用，真人秀出现泛化的现象。

与此同时，这一时期电视综艺的一个重要特质便是故事化叙事的广泛应用，“背后的故事”的有意识、集中化的表达成为这一时期电视综艺节目普遍的选择。情感故事类节目自不必说，采用演播室访谈和外采的形式将整场节目变成一个大的故事化叙事，草根背后的故事和情感在节目中加以呈现和展示；电视选秀节目也将故事化叙事方式放大，《超级女声》等节目在歌唱之外，大量充斥着选手的家庭、朋友以及奋斗过程等故事，而《中国达人秀》在引进之后所做的一个重要的本土化改造就是加入更多的草根情感故事，让普通观众在欣赏这些达人才艺的同时，被他们背后的故事所打动、产生共鸣。中国的电视观众喜欢看故事，开始成为一种行业金律被大肆奉行，而这种观念一直延续到当下。

三、山寨与引进国外模式节目渐成趋势

日渐开放是这一时期的电视综艺发展的一个重要走向，在《快乐大本营》时代，众多大陆电视综艺基本是以模仿港台综艺为主，但在这一时期，中国电视人的视野已经伸向了更远的地方，欧美经典节目模式在这一时期纷纷开始被国内电视制作者所模仿、借鉴或者直接引进制作。

（一）山寨中的国际视野、原始积累的必经阶段

《超级女声》的成功与其从内容到形态的颠覆性和创新性密不可分，而它也正是契合了当时国际节目类型发展的潮流。“超女”的原型来自《美国偶像》，一档从2002年开始在美国风靡的歌唱选秀类节目，这档节目甚至在世界范围内得到关注和呼应，在很多国家都推出了本地化版本。当时的湖南电视台敏锐地抓住了这一潮流，顺势推出《超级女声》。

在当时中国电视市场还没有被纳入国际化市场之中，生产方式和市场化发展水平有着自己的特点，水准和开放度都略嫌不够，是当时中国电视的一个基本现状。同时当时行业版权意识相对薄弱，也就造就了山寨这一较为明显的现象。“超女”便是山寨国外经典模式节目的成功案例，尽管在整体的样貌和制作方式上与国外原版还存在一定差异，但“超女”却以其颠覆性的姿态赢得了极大的成功，甚至引发了国外相关媒体的关注，李宇春就曾作为中国的时代偶像被选中

登上《时代》杂志亚洲版的封面。

在“超女”之前，央视的《幸运52》和《开心辞典》等成功节目也都借鉴了国外节目，但“超女”的成功可谓将这种山寨中的国际视野推向了更高的边界。在这一时期，版权引进和保护的意识还没有建立，中国娱乐节目的市场化也才刚刚起步，但是正是这一阶段的积累，让中国电视人在山寨的学习过程中对节目制作规律与理念的把握开始逐渐有了与国际接轨的可能性和方向，这是中国电视发展的一个必经阶段。

（二）模式版权贸易业务进入中国、引进模式版权成共识

模式版权引进与制作业务在这一时期开始进入中国并逐渐有成功案例出现。模式节目的贸易在国际上已经形成了市场，模式节目也成为一种可供交易的商品。模式贸易除了节目创意、品牌授权等，还包括一整套完整的节目制作流程和方式，特别是对于一些经典的电视节目模式来说，由于其在很多国家都有过制作播出的经验，因此可以为引进方提供厚实的制作指导和制作经验。模式节目贸易的核心是一本被称作制作宝典（Bible）的节目制作手册，里面对于节目制作的各个方面都有着详尽的记载。不仅如此，在节目制作过程中，模式版权方还会派全球的飞行制片人进行制作指导，而一些节目也可以享受版权方提供的拍摄基地、灯光舞美等资源，这也是版权购买的权利所在，而后续的版权授权与开发也是一些模式版权贸易的重要组成部分。

2007年左右，中国电视开始引进制作国外的版权节目，湖南卫视的《舞动奇迹》就是引进自BBC同名节目*Strictly Come Dancing*。而《中国达人秀》（*The Talent*）的成功引进与制作更是让人们看到了模式版权节目所蕴藏的巨大能量，包括在制作方式上带来的工业化水准以及高品质感都让中国电视人尝到了甜头。此后，东方卫视“达人秀”团队又引进制作了《中国好声音》（*The Voice*）将引进节目在中国推向了又一个前所未有的热点之上。引进节目不仅带来了创意，更带来了先进的工业化制作方式。客观地讲，对于国外模式节目的引进和制作，是这一阶段电视综艺发展的必然，也是发展本身所需要的。

四、商业化、大片化、主流化成趋势

中国电视一直以来都承担着双重功能，一方面是行政和宣传功能，一方面是市场功能。电视综艺节目因其天然的大众化和娱乐性让其具有很强的市场化和商

业化发展的潜力。然而由于中国电视综艺在发展过程中相对滞后，市场化改革的步伐也相对缓慢，因此在中国，综艺节目的商业潜力在此前一直没有得到很好的释放。

《超级女声》在商业上的探索和尝试为中国电视综艺的商业化发展和娱乐化营销进行了经验的累积，“超女”的颠覆性不仅体现在内容形态和社会文化上，还体现在商业模式上，大额冠名、整合营销、线下产业链开发，让这档选秀节目连同被选出来的人都成为娱乐产业链条上的一种产品，用其产生的巨大影响力和效应实现商业价值的变现。

商业化开始成为电视综艺节目发展过程中的标配和重要推动力。与之相对应的是，电视综艺的大片化和主流化趋势越来越明显，大投入、大产出的生产模式逐渐取代了小作坊式的生产运作体系。2008 年，浙江卫视改版推出全新的频道品牌定位“中国蓝”，并提出综艺大片的概念，即用大片化的生产方式进行节目的生产运作，进而通过推出一系列优质综艺节目来推动频道的整体发展，事实证明，这样的定位确实帮助浙江卫视在短短几年的时间里实现了迅速发展，与其在综艺节目上的持续投入有着密切关系。大片化从这一时期开始成为电视综艺的一种重要的发展趋势。

一直以来，电视综艺在学界和业界占据着相对比较边缘的位置，以精英文化为主导的早期电视创作者们甚至认为电视综艺娱乐节目是不入流的，但随着市场经济的发展与电视大众化属性的不断增强，电视综艺节目开始不断崛起，在这一发展阶段，电视综艺从数量到体量再到社会文化生活中的位置，都得到了极大的发展和扩张，逐渐开始从相对边缘变得主流起来。

五、大众文化强势崛起、精英文化失落让位

如果从社会文化学的角度来看，这一时期的电视综艺节目裹挟着强大的大众文化的形态和内核对一直以来精英文化占主导地位的电视文化格局造成了极大的冲击。平民和草根在这一时间段的电视综艺中占据了主角的地位，他们是电视节目的参与者通过各种手段积极参与到节目进程中来。平民造星和草根娱乐占据了电视综艺娱乐的核心审美趣味，传统的精英主义的话语权逐渐被消解，艺术和审美不再成为综艺节目的核心追求，转而被更亲民、更容易被接受的娱乐和大众化的综艺所取代。

正因为这种电视综艺所引发的大众文化的强势崛起，事实上，让传统精英文化统治者们的地位逐渐衰落，让位于具广泛性和基础性的大众文化。例如《超级女声》式电视选秀节目的崛起对“青歌赛”的冲击，草根代替了精英，选拔的权力也被从专业评委移交给了普通的观众，而选拔的标准显然是市场标准而不是专业的歌唱标准，大众文化消解精英文化的现象在这一时期层出不穷。

正因为如此，让精英文化以及主导文化阶层产生了惶恐与焦虑，于是开始进行讨伐与围堵，对“超女”的批判和抵制就是一个典型的代表。事实上，抵制低俗化是这一时期电视发展过程中的一个重要的特征，从国家广电总局的政策调控到各种社会评论，都对电视低俗化的倾向通过各种手段进行了抵制与调控，所谓低俗化其实就是大众文化和平民趣味，当然，不可否认它们中的一些确实存在着低俗化的现象，需要加以调控。但总体来讲，这些声讨和抵制的声浪其实是精英文化对大众文化的一种基于自身话语权的守卫之战。

第三节　生态环境

电视综艺的成长与发展必然离不开自身所处的生态环境，竞争态势、政策环境、市场开放程度与发展状态等都成为影响电视综艺节目成长和发展的要素。对于这一时期的电视综艺节目的发展来说，生态环境的影响就体现得更为明显。综艺节目整体上的高速发展是这一时期的一个重要特征，但其发展离不开生态环境的制约、影响和助推。

一、卫视频道相继崛起、竞争开始成为主旋律

中国的省级卫视从90年代末上星以来就进入了竞争与合作的崭新时代，由于频道定位和目标市场的雷同，数量众多的省级卫视如何在有限的市场环境中实现生存、突围与发展就成为上星之后所要考虑的问题。21世纪初的前十年正是省级卫视明确定位、找准市场、突破发展的关键时期，一些卫视频道如湖南卫视、江苏卫视、浙江卫视、东方卫视都在这一时期实现了发展并为后续发展奠定了基础。

在省级卫视崛起发展的过程中，电视综艺开始发挥出重要的、建设性的作

用，一档好的节目有时可以带动整个频道的强势崛起。湖南卫视从上星以来便推出一系列的综艺娱乐节目，《快乐大本营》《玫瑰之约》等节目都受到了观众的欢迎，帮助湖南卫视迅速占据了省级卫视发展第一阵营的位置。而 2004 年的《超级女声》更是创造了 21 世纪第一个现象级节目和第一场关于社会文化的大讨论，湖南卫视的品牌价值和频道影响力以及商业价值凭借着“超女”的成功而得到迅速提升。

江苏卫视在这一时期凭借着几档优质综艺节目的推出，而实现迅速的成长，在总体实力上成为仅次于湖南卫视的一个频道，《人间》《名师高徒》《非诚勿扰》等节目都在品牌影响力和引导力方面具有强势力量。特别是《非诚勿扰》引发了全民热议和话题讨论，在收视率和话题度上多年来都保持在高位，并为江苏卫视带来数以亿计的商业上的回报。

浙江卫视在 2008 年开始推出“中国蓝”的频道品牌定位，顺势推出《我爱记歌词》《爱唱才会赢》《谁是大评委》《中国梦想秀》等一系列的电视综艺节目，其大片化和开放性的电视综艺打造模式迅速取得回报，频道排名和收入在这一时期都得到极速增长，进入省级卫视发展的第一阵营，并为后续的一系列现象级综艺节目的推出奠定了基础。

诚然，卫视频道的崛起与发展是多方面因素决定的，但不可否认的是这一时期卫视频道的成长与其在综艺节目上的突破性进展有着紧密的联系。一方面，电视综艺方面的尝试帮助省级卫视实现快速的发展；另一方面发展之后的省级卫视必然进入一个更为激烈的竞争态势之中，于是加大在综艺方面的投入和耕耘成为一种普遍选择，竞争环境的变化是综艺节目发展的一个重要的生态环境因素。

二、行政与政策调控成影响综艺发展的重要力量

由于中国电视行政和市场的双重属性，使得电视综艺在市场化发展过程中必然要受到来自行政和市场两方面因素的制约。在这一时期里，由于电视综艺开始进入一个大发展的时期，新的现象和方式不断涌现，而市场又不完全具备能力去进行自我的调节，于是用行政这只看得见的手去调控引导就成为一种必然选择。

这七年的发展过程中，行政和政策层面的调控和影响几乎贯穿了始终。首先抵制低俗化是这几年中行政层面进行调控的核心任务，在针对选秀节目的调控文件中强调了对低俗化进行遏制，而在针对婚恋交友类节目和情感故事类节目的调控措施中，也以抵制低俗化为主要的调控方向。事实上，这一时期由于素人类节目占据了主导地位，因此为了吸引观众眼球，一些打擦边球的低俗化现象确实存在。如选秀节目《第一次心动》在直播过程中评委与选手发生冲突，颇具戏剧性，造成恶劣影响被广电总局叫停，并借此出台了一系列对选秀节目进行调控的政策。

从2006年开始，针对选秀节目中出现的一些问题，广电总局就开始进行总体调控，相继出台了一系列的政策：2006年3月，广电总局规定跨省赛事参赛选手必须年满18周岁，对参赛选手的年龄进行了限制。同年4月，广电总局规定选秀节目主持人不得有倾向性，要张扬主旋律等。2007年2月，广电总局下发《广电总局关于加强群众参与的选拔类广播电视活动管理的通知》，对选秀节目的播出数量、参与主体、播出时间、播出方式、价值导向等方面进行了规定。

2007年4月，广电总局批准“快乐男声”举办后，要求其设计一些公益性内容，参赛曲目要积极健康，弘扬主旋律，尽可能不出现落选歌手泪流满面、亲友抱头痛哭、歌迷狂热呼叫等场面和镜头。2007年8月15日，国家广电总局向各省、自治区、直辖市广播影视局，新疆生产建设兵团广播电视局，中央三台，中国教育电视台下发通报，批评重庆电视台举办播出的《第一次心动》选拔活动严重违规行为。2007年8月23日，广电总局发布通知，叫停广东电视台女性整形真人秀节目《美丽新约》，认为此类节目“导向意识不强，画面血腥、恐怖、暴露、格调低下，且活动组织奢华铺张”。2009年广电总局批准“快乐女声”举办后，要求其从海选到总决赛播出时间最多控制在两个半月内，取消短信投票，直播不得超过10次，每次不得超过90分钟，必须在22点30分后直播。

一系列调控措施的出台对综艺节目整体的发展走向从数量、方式再到价值导向等诸多方面都进行了调整和控制，事实上对电视综艺的整体发展走向形成影响。如针对选秀类节目出台的一系列政策，对选秀节目的内核要素如海选、直播、长时间比赛等都进行限制，这也是为什么选秀节目在2007年后开始没落的一个重要原因。

婚恋交友类节目兴起之后，因其话题把控出现不当和失误，引起了社会上的广泛讨论，因此在2010年6月，国家广电总局正式下发了《广电总局关于进一步规范婚恋交友类电视节目的管理通知》及《广电总局办公厅关于加强情感故事类电视节目管理的通知》两份正式文件，文件中规定：“严禁伪造嘉宾身份，欺骗电视观众”；“不得选择社会形象不佳或有争议的人物担当主持人”；“不得以婚恋的名义对参与者进行羞辱或人身攻击，甚至讨论低俗涉性内容，不得展示和炒作拜金主义等不健康、不正确的婚恋观。”“情感故事类节目不得展示丑恶、迷信；不得展示因亲情矛盾、家庭纠纷导致的极端行为、过激言论、‘揭伤疤’或恶性案件；不得过分渲染悲情、阴暗、颓废心态……”① 这两份文件实际上对婚恋交友节目和情感故事类节目的发展进行了调控和引导。

2011 年 10 月，广电总局发布文件，对节目形态雷同、数量泛滥的婚恋交友类、才艺竞秀类、情感故事类、游戏竞技类、综艺娱乐类、访谈脱口秀、真人秀等 7 个类型节目实行播出总量和播出时间的控制。要求每晚 19：30～22：00，全国包括央视一套在内的 34 家上星频道播出的这 7 类节目数量不超过 9 档；每家卫视则不能超过 2 档；每天黄金档播出这 7 类节目时长不超过 90 分钟。各上星综合频道还要开办一档弘扬中华民族传统美德和社会主义核心价值体系的思想道德建设栏目。这个被称作“限娱令”的行政调控法规实际上对电视综艺节目的播出样态、种类、时间等进行了规定，对后续电视节目的发展产生一定的影响。

三、综艺节目市场、商业价值初步释放

电视剧是中国电视市场化和制播分离较早发展的一个领域，电视综艺具备同样的市场化和商业潜力，并且电视综艺在娱乐营销和商业回报上具备更大的空间和可能性。这一时期开始，综艺节目的市场化和商业价值得到初步的释放。

《超级女声》《非诚勿扰》《中国达人秀》等都是大投入的电视大片，在收视率和关注度上取得了非常好的成绩，有关注度便有了价值变现的可能性，这些综艺大片的价值回报上都有着不俗表现。《超级女声》的电视广告收入创造了当时的广告纪录，2005 年决赛的单位广告甚至超过了当时的“春晚”；广告之外，“超女”与蒙牛进行的整合营销也成为电视娱乐营销的经典案例，通过线上、线下的互动，蒙牛和“超女”实现了双赢；同时，“超女”在短信投票等周边开发上也创造了不少收入；而天娱传媒的成立更标志着湖南卫视将“超女”品牌进行持续化和产业化打造的开始，数百场演唱会相继举行，而李宇春、张靓颖等明星的商业价值也得到了持续开发。《非诚勿扰》虽然在娱乐营销方面没有新的开

① 国家广电总局．《广电总局关于进一步规范婚恋交友类电视节目的管理通知》《广电总局办公厅关于加强情感故事类电视节目管理的通知》

拓，但其所创造的商业回报也是惊人的，在兴盛时期，其冠名和广告收入能达到20亿以上，支撑起江苏卫视广告收入的大半壁江山。

市场化开发、商业上的回报其实是将电视综艺价值最大化的一种有效路径，而商业上的回报也往往能够给电视制作带来更多的资金投入，对节目发展客观上起到积极推动作用。同时，正因为市场和商业属性不断被认可，电视综艺的制作传播开始变成一种商业行为，电视节目的商品属性得到进一步开发，进入以商品为主的阶段。[①] 而这种商品属性在这一阶段得到进一步的开发与确认。

本章小结：进入2004年随着《超级女声》火爆荧屏，将中国电视综艺推进一个大发展的时期，在这一时期里中国电视综艺实现了快速的发展和变革，其发展的程度和力度也是前所未有的。这一时期里，素人选秀开始占领荧屏，《超级女声》将中国电视成功地带入草根选秀的时代，电视选秀节目在这一时期里迅速泛滥，同时也很快进入衰退。与此同时，在选秀式微的时期里，电视综艺也开始了多样化的探索与发展，才艺类节目在这一时期里实现继承式的革新，情感故事类节目开始占领荧屏，娱乐化的脱口秀和访谈类节目也逐渐成长成熟，而一些服务类的题材如求职招聘等节目类型也在这一时期开始进行积极的娱乐化的探索，值得注意的是，这一时期里另外一个坐标式的特征就是相亲交友类节目的崛起和兴盛。纵观这一时期，素人成为电视荧屏的绝对主角，真人秀开始泛化，故事化成为综艺节目叙事的核心手段，而或模仿，或引进国外的节目模式逐渐发展成为一种趋势，电视综艺的商业化、大片化和主流化也同样是趋势所在，以电视综艺为阵地的大众文化在这一时期里强势崛起，精英文化逐渐面临着失落让位的境地，这些都构成了电视综艺在这一时期里的发展特征。这一时期的发展生态同样决定着电视综艺的发展走向，卫视频道相继崛起，竞争成为关键词，而综艺节目又是竞争的核心领域，政策的管理和调控在这一时期里发挥着更大的作用，影响着电视综艺的发展走向，综艺节目的市场和商业价值也在这一时期里得到了初步的释放，这些都成就了这一时期里电视综艺的发展风貌，同时也影响了电视综艺在下一阶段的走向。

---

① 胡智锋，周建新．从“宣传品”、“作品”到“产品”——中国电视50年节目创新的三个发展阶段．现代传播，2008（4）：1-6

第五章　爆发期（2012~2016年）

2012年在中国电视综艺发展历程上是一个具有标志性的年份，也正是从这一年开始，电视综艺在中国也正式开始进入了发展的爆发期。之所以称其为标志性年份主要源自这几个方面的原因：一是《中国好声音》在这一年出现，裹挟着新媒体的工具和手段在收视、话题和影响力上达到了一个新的高度，并成功引领了电视歌唱类节目的回潮与走热；它也被看作是中国电视综艺制播分离探索的里程碑，它所创造的电视平台与社会制作公司之间对赌分成、收益共享的商业模式释放了电视市场化的产能，资本化、大片化开始成为电视市场的主流模式，电视综艺在此带动下从内容形态到传播方式都进入了一个全新的阶段；而“好声音”的成功所带来的一系列效应一定程度上也改变了中国电视的格局与生态，竞争加剧、创新加剧、人财物的流动加剧，制播分离成为一种必然趋势，电视综艺开始成为影响变革的推动力量。

这一时期，现象级节目相继涌现，《中国好声音》《爸爸去哪儿》《奔跑吧兄弟》等现象级节目出现的频率越来越快，这些节目不仅在内容形态上实现引领，而且在商业价值上持续释放着超出想象的能量；电视节目类型走向在这一时期发生变化，明星开始取代素人成为电视综艺中的主角，大投入、大产出真正开始成为中国电视综艺的典型特征，这种投入与产出甚至超过了欧美一些国家的电视实践，为电视市场带来活力和能量；电视综艺节目的数量在这一时期得到几何式膨胀，季播成为电视综艺节目生产制作和播出的主流模式，播出时段也得到持续的拓展；电视综艺的制播分离在这一时期正式走向成熟并成为一种不可阻挡的潮流，社会化制作公司在资本的裹挟下如雨后春笋般出现，体制内人员纷纷跳出体制到市场上谋求生存和发展，甚至国外电视制作力量也开始成建制地进入中国，如韩国知名制作人的进入，补充着中国电视综艺整体上的生产力；电视综艺的商品化属性在这一时期得到进一步的确认与巩固，电视综艺开始引进 IP 概念，产品属性的开发得到进一步深化；包括欧美和韩国在内的国外电视节目模式几乎被中国电视人引进消耗殆尽，原创开始被提上日程，联合研发与制作等对外合作方式得到探索。

第一节　发展概况

尽管从 2012 年至今，只有短短的四五年时间，但电视综艺领域新现象、新概念、新方式层出不穷，电视综艺节目类型更新换代的速度与频率非常高，几乎一年一档现象级节目，它们的出现在多个方面形成引领作用，而这样的速度在历史上任何一个时期都是不曾出现的。

现象级节目的概念目前已经在业界和学界达成了共识，它最早来自于湖南广电集团的党委书记、台长吕焕斌对《爸爸去哪儿》的描述，后来逐渐沿用开来。对现象级节目的标准，目前并没有标准统一的规定，但大致有几个维度可以去判断一档节目是否为现象级，一是在收视率和影响力上的全民性，并引起一定的社会性话题；二是在内容形态上的革新性和引领性，即对上一种流行趋势的颠覆与新的流行趋势的引领；三是商业上的高回报与新探索，即在商业上实现很高的价值，或者在商业模式上有全新的探索。

从这三点出发来观照，会发现在这一时期出现的几档节目都可以被划到现象级节目的范畴当中，《中国好声音》《爸爸去哪儿》《奔跑吧兄弟》等都在这三个方面实现了突破和引领，而它们几乎是一年一档地被推出的，从这些角度来考察，会发现，这一时期确实可以称得上电视综艺发展的一个爆发期。

一、《中国好声音》带动歌唱类节目回潮

2012 年，电视圈最大的惊喜、占据最多行业和学界话题版面的莫过于《中国好声音》的出现和成功。在它之前，电视歌唱选秀类节目经过 7 年的发展和消耗已经进入了一个相当困难的发展境地，湖南卫视在 2012 年甚至并没有举办相关的电视歌唱选秀活动。而此时《中国好声音》带着全新的面貌和方式让歌唱节目起死回生并进入另一轮的高潮，此后的 2013 年电视歌唱类节目重新占领电

视荧屏，出现满屏唱歌的热闹景象。

然而《中国好声音》却与《超级女声》式的歌唱选秀节目有着截然不同的路径，从评委、选手到赛制机制和文化内核都是两种不同的路数，《中国好声音》用“声音”这一更纯粹的要素为切入的内核和标准，更简单也更纯粹，变偶像选拔为声音的鉴赏。《中国好声音》并没有延续“超女”式大众狂欢的路线，对于参赛选手并不是无门槛而是有着自己的标准和要求，评价的主体不再是大众而是将权力重新交还给了评委，评委的权力被集中于转椅这一形式当中，而评委不再是毒舌和不苟言笑的，而是温情与惜才的，甚至评委之间的抢人大战也成为节目中的一个重要看点。对“超女”的讨论多数集中在其对社会文化的影响和颠覆上，而对《中国好声音》的探讨则集中在其制作模式、商业模式等维度和层面上，这也是电视综艺整体生态环境发生变化后的一个自然结果。

“好声音”的成功不仅仅带来节目类型的变革和创新，更在商业模式和制播模式上进行了变革，为中国电视娱乐节目市场带来了一股变革性力量，以此为契机，客观上促进了中国电视娱乐节目的社会化和市场化，并进一步推动了中国电视的大片化现象。

《中国好声音》由灿星制作和浙江卫视联合打造，灿星作为投资方和制作方进行节目的制作，浙江卫视作为播出平台进行节目的播出和商业运营。双方的合作采用对赌分成的模式，它的优势在于上不封顶，节目收视率越高，可以获取的利润越大，双方可以分成的利益就越大。它不会对制作方在投入上形成限制，为了获得更高的收视率，必须要提高节目的品质，必须请到非常专业的明星、制作人员，因此大投入自然就成为一种选择。灿星制作总裁田明更是将“好声音”的模式称作“中国电视史上第一次真正意义上的制播分离”。

用制播分离的方式制作的《中国好声音》一经推出便受到了极高的关注，收视率和广告价格也随着节目收视的提高而不断刷新纪录，在第一季中，收视率即突破 4 个点，也创造了每 15 秒 50 万的广告天价纪录，“中国好声音”也被称作了“中国好生意”。而这种价值变现在此后几季的发展中持续延展。在 2015 年第四季“《中国好声音》巅峰之夜”中，宣布冠军前的 60 秒广告被广告商以 3000 万拍下，再次刷新中国电视单条广告的最高纪录。

（一）《中国好声音》带来多重影响和颠覆

1. 与“超女”式歌唱选秀完全不同的路径

“好声音”的出现让歌唱类这一经典的电视节目类型重新回到了观众的视野，并得到观众的认可，而且直接导致了随后的2013年中国电视荧屏中歌唱类节目的全面崛起，造成了满屏唱歌的局面。选秀节目由此得以回归，但是“好声音”同“超女”式的歌唱选秀节目在内容形态方面具有很多的不同，具有一定的颠覆性，而正是这些颠覆性因素让其在2012年的彼时获得了极大的成功。

第一，与“超女”相比，“好声音”的不同之处表现在选拔标准的不同上，“超女”的原版是“Idol”（偶像）系列模式节目，其经典代表作《美国偶像》在美国已经播出了十几年，如今已经发展到第4季，为美国流行乐坛输送过大量的优秀人才。从名字可以看出，“Idol”系列节目的目标是造星，“偶像”是选拔的主要标准，因此除了歌声之外，外貌、性格、台风等都在选拔中占据了非常重要的地位。而“好声音”则将规则简单极致化，正如其名字“*The Voice*”所标明的那样，以“声音”作为评判的唯一标准，特别是在导师盲选阶段，转椅的设计即是为了突出和放大这种注重声音选拔的内核，而这种设计本身又为节目带来了新鲜的元素。

第二，“超女”与“好声音”的另外一个不同在于，“超女”会经历大规模的海选并将这一过程在电视上进行呈现，甚至是原生态式的呈现。“超女”的经典版本，也就是最开始的版本，将各种奇葩和怪咖一一呈现是其在海选阶段的一大看点，并且这种呈现是原生态式的呈现，这样的方式遭受到很多文化与电视研究者甚至是普通人的诟病。但“好声音”却省略了海选的环节，并且每一个参与节目的歌手都是拥有一定歌唱水准和实力的歌手。事实上，“好声音”也会进行大规模的海选，通过各种渠道去寻找优质的选手，但海选的部分是编导在节目开始前进行的一项工作，并不会在电视上进行呈现。赛制与赛程的相对短暂性，是“好声音”的一个特色，但选手在其中缺乏成长，这也是造成“好声音”造星能力相对较弱的一个原因。

第三，“好声音”与“超女”的第三个不同在于评委的不同，在“超女”中评委是高高在上的评论者的角色，而在“好声音”中评委则被称作“导师”（Coach），他们和选手之间的关系是平和的，甚至是温情的，在“超女”时代时常受人诟病的毒舌评委在“好声音”中是没有的，这里有师生情谊，有互相之间的勉励和鼓励，虽然少了一些冲突的看点，但是却用情感和故事叙事来打动人心，导师不再是高高在上的评委，与选手之间的关系开始变得相对平等起来。

第四，“超女”是用竞技选拔式的漫长的赛程完成一场华丽的造星运动，而“好声音”则是用强大的故事化的叙事能力完成一场全民的造梦运动。

2. 大投入、大产出，工业化生产、商品化运作

《中国好声音》不是一档本土原创的节目，它的制作者对这点也并不讳言，这档来自荷兰 Talpa 公司的“*The Voice*”模式节目在美国以及其他一些国家也获得了很大的成功，对开始走下坡路的《美国偶像》模式形成一定的冲击，带来歌唱选秀节目的新面貌。《中国好声音》的成功与其是引进节目而带来的工业化的制作流程与方式密不可分，引进节目一方面带来了全新的创意，这是模式引进的基础，而另一方面也带来了制作理念和方式的革新，工业化的生产方式为节目的品质化打造奠定了基础。

“好声音”是电视流程化打造下的产物，作为一个模式节目，厚厚的模式宝典（Bible）会将节目的每一个环节的制作准则都规定清楚，从选择学员、导师的标准到对导师提问的引导，再到后期剪辑，每一个环节都有固定的工业化式的操作手册，Bible 提供了很多非常有价值的信息，它甚至细化到拍摄的时候需要几组机位，节目进行到哪一分钟主持人该引出什么样的故事。

同样，“好声音”也是商品化运作的产物，大投入是其特征所在，“好声音”第一季的投入超过 1 亿，仅 4 位导师的转椅就造价 80 万元一把，而当年盛极一时的《超级女声》一整季节目也不过才 2000 万元。

大投入的同时“好声音”也获得大产出，投入主要体现在模式购买、导师、硬件、人力物力、宣传推广等各个环节，而进行商品化运作的“好声音”在收入渠道和方式上也是惊人的，包括广告费，如冠名、硬广、特约等都收入不菲，第一季“好声音”广告价格随着节目的逐渐受热而受到追捧，到第三季冠名费已经涨到 2.5 亿。广告之外，版权售卖也是重要的收入来源，“好声音”第三季腾讯视频的独家版权费是 2.5 亿，而“好声音”也在进行积极的 IP 开发，成立负责“好声音”学员艺人经纪和相关开发的公司梦响强音，目前已经被浙富控股收购实现曲线上市。据统计，“好声音”第四季包括广告、版权售卖、特约合

作等合作方式上的收入已经超过了20亿。《中国好声音》又被戏称为“中国好生意”，其工业化的生产方式和商品化的运作方式是其获得成功的一个重要基础性因素。

3. “好声音”商业模式开启了中国电视制播分离的新时代

《中国好声音》之于中国电视的意义和影响，除了在内容形态、制作方式上带来变革之外，在商业运作模式上更是用全新的方式开启了中国电视娱乐节目制播分离的新时代。“好声音”的制作方是上海灿星制作，隶属于星空华文传媒集团，它的制作者主要来自前SMG的节目生产力量，第一季《中国达人秀》的主力团队也来到了灿星。灿星制作与播出方浙江卫视之间就《中国好声音》达成了收视对赌、广告分成的模式，让制作方获得了更多的回报空间，平台也降低了投入风险，实现了某种程度上的双赢。

“好声音”的对赌模式让中国电视娱乐节目的制作开启了一个全新的合作时代，所谓对赌模式，即制作方与平台方之间通过协议规定，双方之间按照一定的收视率比例进行广告分成，收视率越高，制作公司能够得到的广告分成越大，这种方式极大地刺激了制作方的动力和积极性，改变了以往制作公司相对较为弱势，以赚取制作费为主要盈利模式的局面。

以后，很多平台方看到了社会制作力量所能够带来的能量，并且随着国家文化体制改革政策的松绑，电视领域的制播分离也越来越深化，平台越来越开放成为一种现象和趋势。目前，包括浙江、江苏、东方、北京在内的平台方都将平台的很多时段进行开放，用于与社会化制作力量进行合作。同时，制作方的话语权和利润空间越来越大，一批综艺节目制作公司重新进入这个行业当中，并在当中不断崛起，如灿星制作、蓝色火焰、能量影视等。

（二）歌唱节目的再次泛滥与调控

随着《中国好声音》的成功，一大批歌唱类节目开始随即跟风出现，成为2013年中国电视荧屏上的一道独特的景观。几乎稍有点实力的电视频道在这一年里都推出了歌唱类节目，歌唱节目数量达到了顶峰。

从纵向上来讲，《全国青年歌手大奖赛》《快乐男声》《中国好声音》这三档中国不同时代电视歌唱节目的代表作在这一年同时出现，从横向上来讲，欧美三大经典电视模式《美国偶像》（*American Idol*）、《X音素》（*X Factor*）、《好声音》（*The Voice*）的本土化版本也都出现在中国的电视荧屏上，分别是东方卫视的《中国梦之声》、湖南卫视的《中国最强音》、浙江卫视的《中国好声音》，此外还有引进自美国 *Duets* 版本的北京卫视《最美和声》与引进自荷兰、安徽卫视播出的《我为歌狂》等，除此之外，来自韩国的一些音乐节目模式也开始被中国的电视平台引进制作，如湖南卫视的《我是歌手》引进自韩国 MBC 的同名节目，湖北卫视的《我的中国星》是联合韩国 CJ E&M 制作，它的原版 *Super Star K* 是韩国最受欢迎的选秀节目，山东卫视《中国星力量》则对应韩国 SBS 的 *Kpop Star*。

表 5-1　2013 年中国电视制作播出的歌唱选秀节目，其中大部分属于引进版权节目

节目名称	播出平台	模式来源
《全国青年歌手大奖赛》	央视	原创
《快乐男声》	湖南卫视	原创
《中国红歌会》	江西卫视	原创
《中国好声音》	浙江卫视	*The Voice* 英国
《中国最强音》	湖南卫视	*X Factor* 英国
《我是歌手》	湖南卫视	我是歌手韩国
《我的中国星》	湖北卫视	*Super Star K* 韩国
《中国星力量》	山东卫视	*Kpop Star* 韩国
《一声所爱 · 大地飞歌》	广西卫视	*True Talent* 荷兰
《全能星战》	江苏卫视	原创
《我为歌狂》	安徽卫视	*Mad for Music* 荷兰
《最美和声》	北京卫视	*Duets* 美国

正是因为歌唱节目在 2013 年再次出现泛滥的现象，使得这类节目迅速进入审美疲劳的阶段，选手资源、观众注意力资源消耗严重，电视荧屏的丰富化有待拓展。为了解决这样的问题，2013 年 7 月，国家新闻出版广电总局宣布为避免电视节目形态单一雷同，将对歌唱选拔节目实施总量控制、分散播出的调控措施，宣布“各上星综合频道在调控期内不再投入制作新的歌唱类选拔节目；尚未开播的节目将推迟播出，合理安排，避开暑期播出高峰；已开播的节目将调整播出时间，错时安排播出，避免同类节目扎堆播出。”而在《关于做好 2014 年电视上星综合频道节目编排和备案工作的通知》（即俗称版的“加强版限娱令”）中规定

“每季度总局通过评议会择优选择一档歌唱类选拔节目安排在黄金时段播出，其余不得安排在19：30~22：30之间播出。”①

在政策调控之下，2014年电视歌唱节目的数量锐减。仅湖南卫视《我是歌手》、北京卫视《最美和声》、浙江卫视《中国好声音》、央视《梦想星搭档》四档节目进入黄金档，其余不得安排在黄金档，而很多歌唱节目并没有在这一年上档第二季，经过一年的狂欢，歌唱节目进入理性发展的阶段。目前，歌唱节目依旧是电视荧屏上的一种重要节目类型，节目类型和样态则在发生着变化，其数量保持在比较合理的范围，质量也维持在较高水准。

二、《爸爸去哪儿》带来韩式户外真人秀热效应

2013年，在中国电视普遍关注欧美电视动态的时候，湖南卫视率先将视线转向韩国，先后引进制作播出了《我是歌手》和《爸爸去哪儿》两档韩国节目，并且都获得了成功。而《爸爸去哪儿》的成功更是带有某种突破和颠覆性的意义。它打破了户外真人秀在中国不适的魔咒，用韩式真人秀的样态和制作模式迅速占领荧屏，并带动了亲子节目和韩国节目在中国的热效应。

在2013年下半年，正当中国观众陷入对歌唱节目审美疲劳之时，《爸爸去哪儿》横空出世，带来了一股清新的亲子热潮。并迅速成就了下一个中国电视的“现象级”节目，并且在此后带来了韩式节目以及亲子浪潮在中国的出现，如同所有的现象级节目一样，《爸爸去哪儿》也引发了一轮轮跟风和复制的浪潮。事实上，《爸爸去哪儿》能够在彼时取得成功主要得益于天时地利人和的因素。

1. 天时。一是观众对歌唱类节目产生审美疲劳，户外亲子节目另辟蹊径获得成功；二是节目表现出的对家庭的回归和对父子关系的呈现体现出了对当代中国社会现实状况的观照性，父亲角色在儒家文化根深蒂固的中国社会中是微妙且复杂的，在当代，父亲角色又因为工业社会的发展现状而发展出新的特点，父亲这一角色在很多家庭中是缺失的，节目让父亲得以回归，设计出母亲没有在场的情况下父亲将如何表现的节目规则，实际上能够产生一些具有普适性的话题和情感来打动人，与每一个普通的观众产生共鸣。

2. 地利。节目与湖南卫视的平台调性较为吻合。节目观照亲子、家庭议题，并且用注重情感化叙事的韩式真人秀来进行这种议题的表达，对于女性和家庭观

① 《关于做好2014年电视上星综合频道节目编排和备案工作的通知》

众具有很强的吸引力，而这又与湖南卫视的主力收视人群非常吻合，因此受到了极大欢迎，带动了广大观众的最大程度的卷入。

3. 人和。《爸爸去哪儿》的制作团队此前已经积累了大量的户外节目的拍摄经验，制作主力谢涤葵团队制作过多季的《变形计》，对户外节目的制作具有非常丰富的经验。同时，作为学新闻和做新闻出身的制作人，制作团队对包括人物形象的塑造、拍摄、剪辑等都具有很强的优势，这是节目成功的保证。同时，《爸爸去哪儿》采用的是人海战术，40余个机位，100多个工作人员，每期1000多个小时的节目，最终只能留下90分钟。而湖南卫视也采用大集团作战的方式，除了谢涤葵团队之外，还有其他团队进行配合，总共有4支团队参与其中。

《爸爸去哪儿》作为一档现象级的户外节目，同样在多个层面具有颠覆性，而这些颠覆性也是其能够取得成功的原因所在，其颠覆性主要表现在以下几个方面：

（一）打破了户外真人秀在中国的不适魔咒

在《爸爸去哪儿》之前，以《老大哥》《幸存者》为代表的欧美户外真人秀在国外盛行异常，它们的中国版本也曾在中国被低水平复制过，如广东卫视的《生存大挑战》、贵州卫视的《峡谷生存营》、湖南经视的《完美假期》等，但基本都没有取得太大成功。这一方面与当时的电视生产能力和水平有很大关系，以山寨为主的制作方式让节目制作处于低水平复制的阶段。但这类节目之所以没有取得很好的成绩的一个更重要的原因是以展现人性之恶和丛林法则为主的欧美户外真人秀似乎并不太适合以儒家文化、农业文化为传统的中国社会，而《爸爸去哪儿》则以韩式真人秀为方式，让户外真人秀在中国重新焕发生机。

与欧美真人秀相比，韩式真人秀的看点并不是来自于冲突和对抗，而是来自于流畅的叙事和细腻的情感。通过大体量的拍摄，以及后期剪辑上的呈现，让整个过程成为一个完整的叙事过程，人物性格和人物关系以及情感在其中自然而然流露出来，以温暖的情感打动人心是韩式真人秀的一个特点，也是其在中国具有普适性的一个重要原因。

（二）促成明星真人秀时代的到来

在《爸爸去哪儿》之前，中国电视荧屏基本以草根为主，草根占领荧屏是其中的一个重要特点，包括《超级女声》《非诚勿扰》，甚至是《中国好声音》

都是草根秀的代表作品，而以《人生》《人间》《幸福魔方》等为代表的情感类节目也是用草根人物的情感和故事来换取收视，明星节目特别是明星真人秀并不是电视荧屏的主流。

直到《爸爸去哪儿》的出现带来了电视荧屏从草根到明星的变化，从2014年开始，中国电视荧屏上相继出现各式各样的明星真人秀节目，而到当下，中国电视进入明星真人秀的全盛时代，明星真人秀甚至对整个中国电视的发展生态产生了深刻的影响。从2014年开始，包括《花儿与少年》《花样爷爷》《如果爱》《真爱在囧途》《鲁豫的礼物》《明星到我家》《极速前进》《喜从天降》《爸爸回来了》《奔跑吧兄弟》《极限挑战》《偶像来了》等相继上档，明星真人秀开始全面占领荧屏。

总体来讲，明星真人秀节目能够受到欢迎，是其所具备的一些特征使然，而这一轮明星真人秀则是以韩式真人秀为主，同欧美真人秀相比，具有自己的一些特质。明星平民化是韩式明星真人秀的第一个重要特征，明星开始卸下光环，以普通人的形象出现在节目当中，在信息社会的背景下，明星的隐私事实上是很难得以完整隐藏，而观众也乐于看到更加真实、接地气的明星出现在电视荧屏上，这是当代电视观众的一种审美趣味所在。正因为如此，这种明星平民化的方式显然是明智且讨巧的，明星在其中如同普通人一样的行动和表现，能够引发观众的共鸣，一定程度上满足了观众的窥私欲望，因而受到了观众的欢迎。

同时，以韩式真人秀为主，情感性嫁接社会性，也是这一波明星真人秀节目的两个重要特征。纵观这一波明星真人秀热潮，其中绝大部分都属于韩式真人秀的范畴，全明星阵容是韩国真实综艺秀的一个重要特征，这种特质也随着《爸爸去哪儿》在中国的成功而被借鉴过来，韩式明星真人秀具有自己的特质，在中国文化环境下也具备一定的普适性。情感性嫁接社会性便是韩式真人秀的一个特点，讲究细腻的情感呈现，通过多种手段来完成一场情感叙事是其特征，同时往往也与社会心理需求相嫁接，如将父子、夫妻等多重关系吸纳进来，通过明星关系的互动来反映社会现实，这也是获取观众的一个重要原因。

（三）亲子、萌娃元素占领荧屏

《爸爸去哪儿》让亲子、萌娃元素开始大放异彩，于是在当下的中国电视媒介环境之下，跟随和复制就成为一种必然现象，同质化和非理性一直是伴随着中国电视发展的特点。“爸爸”之后，各种亲子节目相继上档，如《人生第一次》《爸爸回来了》《妈妈听我说》《爸爸回答吧》《中国爸爸》《来吧孩子》《辣妈学院》等，但总体来讲品质良莠不齐，对这类节目造成一定的消耗。亲子节目在儒家文化的社会语境下，具有很强的吸引力，在当下社会匆忙焦虑的环境下，对“家”的概念和精神的回归，是一种普遍渴望，因此亲子节目受到欢迎也有其社会心理原因，但附着于其上的诸多厚实的话题和意义对于很多电视人来说又是无力负担的，因此亲子节目的理性发展也非常必要。

正因为《爸爸去哪儿》的成功带动，2014 年中国电视综艺进入了亲子和韩式户外真人秀大年，大量亲子节目和户外真人秀节目在这一年上档。中韩之间的电视交流迅速进入蜜月期，双方之间模式、人员的交流深度与广度得到迅速发展，在短短两年内，韩国经典的和最新的电视模式都被中国电视人复制与引进殆尽，韩国电视人也纷纷进入中国市场谋求发展。

三、《奔跑吧兄弟》引发明星真人秀狂潮

在这一次韩式户外节目席卷的浪潮中，很多创新节目都开始打上韩国标签，或在模式内容上，或在参与嘉宾上，或在背后的制作团队上，都能够找到韩国背景。大量拥有韩国背景的节目在这一时期纷纷涌现，但客观上讲，它们中的大部分并不算成功，其中不乏一些正版引进的节目也表现平平。但就在 2014 年第四季度，浙江卫视与韩国 SBS 联合制作了《奔跑吧兄弟》，推出之后获得了成功。

这档节目的原版就是 SBS 经典户外竞技综艺节目 *Running Man*，但由于政策对引进节目的限制以及中韩之间特殊的合作模式，这档节目一直被标榜是联合制作，但无论是其内容形式还是制作方式都无疑具有强烈的韩国基因，为什么在如此多的韩式节目中，《奔跑吧兄弟》脱颖而出了呢？可以看到，“跑男”火爆荧屏的背后，既与其模式本身在中国当下的适用性有关，也与节目在制作上的高品质有关。

《奔跑吧兄弟》原版 *Running Man* 是一档综艺气息浓厚的明星户外节目，节目拥有固定的 MC（MC：主持人、固定参演嘉宾的意思，*Running Man* 的 MC 阵容包括：刘在石、金钟国、李光洙、Haha、Gary、宋智孝等），同时每期会邀请不同的嘉宾加入到节目中，当红的偶像组合成员以及演员等都是节目的座上客。作为 SBS 周日档的王牌节目，*Running Man* 在韩国一直保持着稳定的收视率。在

中国与各平台进行谈判，辗转了一圈之后，SBS 最终与浙江卫视达成合作，双方制作播出“跑男”的中国版，一经推出便取得了很大的成功。收视率节节攀升，商业和广告价值也不断得到释放，让浙江卫视平台的年轻观众的比例在短时间内得到迅速提升。而纵观“跑男”获得成功的原因，主要体现在以下几个方面：

（一）中韩联合制作，品质得到保障

《奔跑吧兄弟》这档节目采用中韩合作的方式，但中韩双方的合作并不是以单纯的模式引进为主，而是联合开发和制作，韩国 *Running Man* 团队深入参与到这档节目的制作过程当中，特别是在第一季的前几集，韩国团队几乎是整建制地参与到其中，包括编剧、PD、VJ 等工种在内的流程上的各个环节，都有韩国人的参与，这其实与以往韩国团队在中国常用的合作方式是有所不同的。以往的中韩合作中，韩国团队仅仅作为节目顾问参与其中，或者韩国一些知名 PD 与编剧个人性质的参与，并不会以整建制大规模的方式参与进来。

事实上，韩式真人秀有着自己的一套制作流程和方式，对于制作上的要求非常高，如果只是单纯引进节目创意并不会达到预想的效果，除非本身的制作力量非常强大。因此，浙江卫视与 SBS 便采取了这种深度合作的模式，即在节目发展的前期，SBS 制作人员整建制参与，包括 PD、编剧、VJ、后期剪辑等全套配备，保证节目的品质，而浙江卫视节目中心的制作团队在此过程中与韩方团队进行配合，并在第一季第五集后“出师”，韩方团队撤出，中方团队全部承担制作工作，事实上，中方团队也经受住了考验，在后几期也一直保持了较高的水准。

这种中韩之间深度合作的方式，保证了韩式真人秀的品质，制作方式的学习实际上比单纯的创意的引入价值更大，“跑男”正是受益于这样的合作模式，一定程度上为其在中国的成功奠定了基础。

（二）简单游戏、满足观众单纯的娱乐需求

电视有着多种功能，娱乐是其中的一项最基本的功能，而观众在当今社会中生存、生活，普遍压力较大，因此也有着极大的娱乐需求，在娱乐中带领观众去逃离现实生活，进而获得短暂的快乐，这是电视娱乐节目受到欢迎的一个重要的社会基础。

《奔跑吧兄弟》能够获得成功一个重要原因也正在于此，它通过明星之间的游戏和互动带给观众最简单的快乐，在周五晚间博观众一笑，因此受到了观众的欢迎。《奔跑吧兄弟》每期一个主题，编导会根据设定的主题进行规则、环节的设置，节目也会在全国各大城市的标志性地域进行，而除了固定嘉宾之外，每期也会有新的嘉宾参与进来，通过这些不断给观众带来新鲜感和惊喜。

几位固定嘉宾邓超、Angela Baby、王祖蓝、陈赫、王宝强（第一季）、包贝尔（第二季）、郑恺性格形象各异，在节目中组成固定的“跑男”团，他们的性格形象以及之间的互动关系在节目中不断得到强化和演进，吸引着观众的注意，而每期不定期的嘉宾也都是受到观众欢迎的当热明星，带来更多看点。

游戏是“跑男”的一个重要特征，特别是其中的撕名牌环节，成为彼时最流行的游戏之一，学校学生和白领都非常喜欢，而其他游戏也成为支撑节目流程推进与叙事的支点。游戏是这档节目构建叙事和规则的基础，也是节目在制作过程中的重点。游戏是人类从原始社会遗传下来的一种本能需求，现代人也都有游戏的需求，从游戏中获得快感是游戏的基本功能，“跑男”的成功便是满足了观众的这种游戏快感的产物，契合了社会需求，也获得了更多的关注。

（三）真实的情感释放

真实是明星秀的基础，也是获得观众的基础。诚然，很多明星秀中明星或者其他嘉宾都有表演的成分，但优秀的明星真人秀一定是具备真实的品质的。真实指的是情感的真实、行动的真实。明星秀所有的人物、行动都发生在特定的规则之下，因此这种真实的表现是在这种规则和环境下的真实，是一种相对的真实。

真实的人物、情节和情感是明星秀真实性的来源，这种真实是通过前期的规则设计、大量的拍摄记录以及后期剪辑来完成的。“跑男”通过韩式真人秀的制作方式，通过前期编剧对于环节的设计，以及拍摄过程中对于所发生事件的情节和故事乃至细节的大量记录，并通过后期团队的剪辑，梳理出故事线索，并在情节发展过程中梳理出情感线索。而这种故事和情感的双线索正是吸引观众的要点所在。

“跑男”为观众呈现出真实的情感线索，在游戏中明星们全情释放，而这种情感线索也能够不断打动人，电视机前的观众也由此得到真实的情感释放，具有很强烈的代入感，因此取得高收视率。真人秀的魅力就在这种真与假、虚构与非虚构之间。电视真人秀节目是假定情境中的真实展现，是一种超越虚构与非虚构的综合性的娱乐节目。这是其不同于纪录片，也不同于电视剧的特殊魅力所在。“真实”是“跑男”情感线索的基本特征，也是这档节目制作方式和理念带来的必然结果，是一切明星秀获取观众的基础，“跑男”正是因为深谙此道，才能够在中国的明星秀中脱颖而出，获得观众认可。

正是以上这些原因，造就了“跑男”在当下的成功，而其成功也带来了新一轮的明星秀的热潮，《极限挑战》《挑战者联盟》《真心英雄》等都走上了这一路线，而韩国明星秀的模式在中国也很快被消耗殆尽。目前，中韩合作的许多新模式不断涌现，韩国团队从本土电视台辞职来中国打拼、中韩之间联合研发制作新节目等都成为一种新的探索与尝试。

四、题材、类别的特色化、多样化探索实践

在这一时期，歌唱类节目、韩式户外节目、明星真人秀节目霸占荧屏，呈现出绝对强劲的发展势头，但是在这些热度节目之外也有一些颇具本土特色和原创性质的节目在这一时期出现。其中最受关注的有两类：一类是文化类节目，一类是喜剧类节目。

（一）文化类节目的综艺化突围

2013年，一片歌唱类节目热潮中，一些文化类节目在这当中成长兴起，并引发了一小波文化类节目的小高潮。这一时期上档的文化类节目包括央视的《汉字听写大会》《中国成语大会》；河南卫视的《汉字英雄》《成语英雄》《井字对抗》；河北卫视的《中华好诗词》；贵州卫视的《最爱是中华》；浙江卫视的《中华好故事》；山东卫视的《中国面孔》；江西卫视的《挑战文化名人》；黑龙江卫视的《最爱中国字》；天津卫视的《国色天香》；安徽卫视的《中华百家姓》等。

表5-2 这一时期开播的文化类节目

节目名称	播出平台	首播时间
《汉字听写大会》	央视	2013年
《中国成语大会》	央视	2013年
《汉字英雄》	河南卫视	2013年
《成语英雄》	河南卫视	2013年
《井字对抗》	河南卫视	2015年
《中华好诗词》	河北卫视	2013年

续表

节目名称	播出平台	首播时间
《最爱是中华》	贵州卫视	2014 年
《中华好故事》	浙江卫视	2014 年
《中国面孔》	山东卫视	2014 年
《挑战文化名人》	江西卫视	2014 年
《最爱中国字》	黑龙江卫视	2014 年
《国色天香》	天津卫视	2013 年
《中华百家姓》	安徽卫视	2015 年

从表中可以看到，这一时期文化类节目的数量非常多，形成一股发展的热潮，而且它们中的大部分都是由二三线卫视频道制作播出的，这类制作成本并不高并且颇具原创特色的文化类节目成为二三线卫视特色化突围的重要武器。而纵观其发展状况，文化类节目在这一时期受到欢迎，主要有几个方面的原因。

第一，政策推动，此类节目自开播便受到政策上的鼓励，2014 年国家新闻出版广电总局鼓励“公益、文化、原创”节目的发展，而此类文化节目非常符合这样的政策要求，在 2014 年 1 月 23 日，国家新闻出版广电总局发布《关于积极开办原创文化节目弘扬和传承优秀传统文化的通知》，要求中央台以及各省级电视台对文化类节目进行扶持。

第二，文化类节目在制作上的创新突破。首先是题材上选择了通俗化的文化元素符号为主要表达内容，如汉字、成语等，与每个家庭、每个个体的日常生活都息息相关，容易引发带入和共鸣。还有在表达方式上开始借鉴、采用一些综艺和真人秀节目的手法，如竞赛、对抗、淘汰的形式，注重人物关系的呈现，明星元素的引入等，这些方式都让相对刻板的文化元素插上了轻松的娱乐翅膀，传播更具广泛性。

第三，内核上聚焦个体故事，极大地契合社会心理，参赛者个体的故事、成长背景、情感经历等都成为节目所着重呈现的部分，在文化之外用故事引发观众共鸣。这些都帮助文化类节目从相对专业化的对象性节目开始了大众化传播的探索，并取得一定成效。

（二）原创喜剧类节目的探索与坚守

喜剧节目是最不容易被引进制作的一类节目，因为喜剧节目与本土的文化艺术形式、社会土壤等有着密切的关系，好的喜剧节目必然是具有很强本土化特色的。2013 年开始，中国电视荧屏中的原创喜剧节目引人关注，一系列喜剧节目在这一年被推出，形成了喜剧节目的小高潮，成为这一时期电视综艺发展进程中的一个重要特点。纵观此轮喜剧节目热潮的到来，可以看到其带有某些自发性和原生性，很多频道都将视野对准了这类成本并不算高，同时颇具娱乐性的喜剧类节目。

表 5-3　这一时期喜剧综艺代表性节目

节目名称	播出频道	播出时间
《笑傲江湖》	东方卫视	2014 年
《中国喜剧星》	浙江卫视	2014 年
《超级笑星》	安徽卫视	2014 年
《欢乐喜剧人》	东方卫视	2015 年
《我为喜剧狂》	湖北卫视	2014 年
《谁能逗乐喜剧明星》	江西卫视	2014 年
《我们都爱笑》	湖南卫视	2014 年
《一起来笑吧》	江苏卫视	2015 年
《生活大爆笑》	东方卫视	2015 年
《欢乐集结号》	辽宁卫视	2009 年

纵观这一轮喜剧节目会发现，与传统的喜剧节目相比有一些创新和更迭，娱乐性和综艺性更强一些，草根基本上是这些喜剧节目的主角，但是也会加入一些明星元素，喜剧的形式和内容也更加丰富拓展，突破了传统喜剧表演的一些形式。对流行的节目形式样态进行借鉴是这一轮喜剧热中很多节目的选择，如对草根选秀类的“达人秀”模式的借鉴成为一种普遍选择，《笑傲江湖》《超级笑星》《我为喜剧狂》等都属于这一类，喜剧表演的同时，这些草根喜剧演员背后的故事是节目非常重要的一个看点。此外，剧场场景类喜剧节目如《我们都爱笑》《生活大爆笑》《一起来笑吧》等都是通过小品、单元剧、特有环节进行串联的喜剧节目，是较为纯粹意义上的喜剧节目，受到一些观众的欢迎。《生活大爆笑》《一起来笑吧》更是引进、借鉴自韩国的剧场喜剧节目，借鉴其喜剧单元剧的形式，形式较为新颖。

然而这股喜剧节目热潮在一年多后很快进入疲乏期，大部分节目都没有再推出制作第二季，只有少数如《笑傲江湖》《我们都爱笑》等延续了下来。原因与喜剧节目本身在创作上的难度有很大的关系，喜剧节目对选手和作品的要求非常高，而且需要持续性的喜剧作品的供应，对制作者来说是一个非常大的挑战，对于竞赛选拔类喜剧节目，选手资源的匮乏是影响其可持续发展的重要原因，当然，广告商对于喜剧节目的相对谨慎也是一个重要原因，在市场的认知当中，喜剧节目的受众群体年龄偏大，不是目前消费的核心主力。正是在这样的自然淘汰之下，喜剧综艺进入相对理性的发展阶段。

第二节　发展特征

电视综艺在这一阶段实现爆发式成长，数量激增、综艺节目时段得到进一步开拓，季播成为一种主流的编播模式。电视综艺类型得到拓展，明星开始取代素人占领综艺荧屏，但同质化现象依旧是困扰中国电视发展的一个重要因素。大投入大产出成为这一阶段电视综艺节目的标配，动辄上亿元的投入与数以十亿计的产出，让大型季播综艺开始受到资本和市场的追捧。制播分离在综艺领域进一步深化，社会化公司和力量在这一时期纷纷崛起、成长，谋求进入这一领域。模式引进在这一阶段进入高潮，欧美和韩国经典和创新的节目模式几乎被引进殆尽，原创被提上日程，联合研发、共同制作等新的合作模式开始兴起。

一、明星取代素人开始占领综艺荧屏

如果从整体面貌上来讲，与上一阶段相比，这一阶段电视综艺发展的最大的一个特点便是明星真人秀开始占领荧屏。如果说上一阶段还是以平民造星和草根娱乐为主要社会审美趋向，那么从这一阶段开始则是明星的平民化成为核心的特质。

（一）电视综艺进入明星真人秀时代

从《爸爸去哪儿》开始，带来了一股明星真人秀的热潮，这种独特的韩式真人秀节目开始占领荧屏。这一阶段推出的所有的真人秀节目几乎都是韩式明星真人秀节目，亲子节目如《爸爸回来了》；明星体验类节目如《真正男子汉》《咱们穿越吧》；户外旅游类节目如《花儿与少年》《花样姐姐》《一路上有你》；

明星挑战类节目如《极限挑战》《了不起的挑战》等，题材和样式异常丰富。

明星真人秀开始占领荧屏主要有几方面的原因：一是从这股明星真人秀的源头来看，主要是《爸爸去哪儿》类的韩式真人秀的进入所带来的，明星是韩国电视综艺节目中的绝对主角，发达的娱乐工业为韩国电视提供了源源不断的廉价的艺人资源，而中国电视在引进韩国模式的同时将这种明星为参与主体的节目发展特质也一并引入；二是从商业角度来看，明星参与的综艺节目确实能够创造出很强的关注度和话题度，广告等商业上的回报也更加丰厚；三是从韩式真人秀节目的本体上来分析，会发现这类真实娱乐节目确实具备很强的东方式的普适性，在中国市场上生存并制造了不俗的价值。

韩国电视综艺节目的种类也非常丰富，其中真实综艺节目（Real-Variety）是最多的一种，也是目前被引进制作最多的一个类型，即所谓的韩式真人秀。它是韩国电视人将西方流行真人秀类型与本土综艺传统相结合基础上创造的一种独具特色的节目类型，在节目特征与制作方式上有着自己独特的路径。与西方真人秀普遍强调竞技、淘汰等残酷规则相比，韩式真人秀的规则更多外化为游戏和任务，比较轻松搞笑；同时西方真人秀对人性之恶的赤裸展现在韩式真人秀中也并不存在，韩式真人秀也需要塑造人物形象和人物关系，但却普遍比较温情、搞笑，节目的看点就在于明星像普通人一样的表现以及他们之间的有趣互动。

正因为这些原因，明星真人秀成为这一时期最重要的节目类型，但随着市场的无理性追捧，使得明星真人秀节目在多个方面体现出困境，如对明星资源的无节制追捧导致明星的高片酬现象显现，影响电视综艺市场的健康和可持续发展。还有同质化现象和版权乱象也是这一时期亟待解决的消极方面。

2015 年开始，国家新闻出版广电总局先后出手对明星类节目、亲子类节目以及国外引进类节目进行管理和调控，先后出台的《关于加强真人秀节目管理的通知》（限真令）、《关于大力推动广播电视节目自主创新工作的通知》、“限娃令”等管理文件，对明星类真人秀、未成年人参与节目以及国外引进类节目的数量、内容等进行了严格控制。亲子类节目遏制效果明显，引进类节目和明星类节目也得到一定程度上的调控。

（二）明星的平民化与内容的趣味化取向

纵观这一时期的明星真人秀节目，之所以受到观众欢迎和追捧事实上同样拥有着深刻的社会文化背景。明星的平民化和综艺的普遍趣味化发展是这一段时期电视综艺发展的重要特征。

可以看到，明星在这些节目中被还原成为普通人的身份和状态，他们或是爸爸或是妻子，或者就是普通的情侣关系，或者就是单纯的游戏玩家，明星脱去了自己的职业身份，回归到社会身份。

事实上，将明星还原到普通人的状态是韩式真人秀受欢迎的重要原因。明星在这些节目中不再以演员或者歌手的职业身份出现，而是还原到一个相对普通和陌生的身份之中。在信息化和渠道泛化的时代，“明星的平民化”的确是一种必然的选择，对明星个人和对节目本体来说，还原到真实的普通人的状态都是一种明智之举。如今，观众对于明星拥有比较强烈的“窥私欲”，而这种窥私欲也正是明星真人秀的逻辑和起点所在，平民化叙事方式是引发普通观众共鸣和增加与受众的亲近度的一种绝佳方式。明星真人秀节目所擅长的“明星平民化”的叙事路径与选秀节目擅长的“草根明星化”的叙事方式，正好形成两条平行发展的路径，二者其实都是电视这种大众文化文本的话语建构和表达所非常适合的方式。而在当下，由于种种主客观因素的制约和促进，显然明星平民化的路线正在发展得风起云涌。

此外，以韩式真人秀为代表的明星真人秀节目往往兼具社会性和情感性，这是其传播和创作过程中的一个显著特征。社会性和情感性兼具，其实是具备了激发观众共鸣的基础性因素。例如对于家庭关系化人物的选择，从选材上对于社会问题敏感地带和焦点的捕捉。家庭关系对儒家文化圈的观众来说极具吸引力，特别是父子/父女关系在当下的社会中，在传统文化和现代社会现实交织的语境之下，而显得微妙且特殊，将这种关系置于陌生环境当中，自然看点十足，此外，夫妻、情侣、兄弟等关系同理。而通过前期大量机位的记录拍摄和后期的精心剪辑，明星真人秀用情感化的叙事方式来做到以情感人，强调人物之间的互动和关系。

与上一个时期电视综艺中普遍充斥的家长里短、爱恨情仇相比，这一时期的电视综艺的趣味性和娱乐性要更强烈一些，无论是《爸爸去哪儿》《奔跑吧兄弟》还是《极限挑战》等，都以欢乐搞笑为主基调。明星参与节目注定要更搞笑轻松一些，再加上韩式真人秀的综艺化属性都是其趣味性取向的基因所在。而电视观众也非常乐于接受这类节目，现实生活中的压力和愤懑可以在电视娱乐节目中加以疏导和派遣，搞笑轻松好玩开始受到观众的喜爱。

二、综艺节目数量激增、季播成发展趋势

从《中国好声音》开创制播分离新模式以来，综艺节目就开始迈入市场化、社会化发展的快车道，电视综艺的生产力短期内得到极大释放，成为内容市场上最活跃的一个领域。这一时期，电视综艺节目的数量激增，特别是大型季播综艺节目的生产制作进入一个火热的时期。节目类型得到丰富拓展，几乎国际上流行的所有的节目样态都能够找到本土版本，电视综艺的野蛮生长成为这个时期的一个重要特点。

（一）季播成为电视综艺主流编播模式，容量数量激增

中国电视综艺从《超级女声》开始尝试探索季播化的编播模式，事实上季播也是国际电视产业中最主流的一种编播方式。季播不仅是一个播出概念，更是代表一种生产方式，是电视综艺品牌化、大片化发展的必然。

季播采用的生产方式往往是项目制，每年启动一次项目的制作，根据上一季的市场反应与当年的市场表现进行内容的规划、编排与制作，成本和收入都是在每一季进行单独投入与核算。对于大型综艺节目来讲，季播显然是一种比较适宜的生产制作方式，是控制成本和避免风险的一种有效手段。在这一时期里，综艺节目开始全面季播化，带来的一个结果就是，总体上来讲电视综艺的数量极大增长，这个时期生产制作的综艺节目总量超过以往任何一个时期。

正是因为大型季播综艺在商业上表现出来的强大潜能，制播分离带来的外部资本以及在制作风险上的降低，让电视综艺开始成为一些频道着重投入的一个部分，季播时段开始相继得到开拓。周五、周六、周日的周末三天时段，目前已经成为季播综艺的主战场，包括湖南、浙江、江苏在内的一线卫视在这些时段竞争激烈，每一季度都会推出新的季播综艺节目，甚至在周六、周日的一些时段里，有的频道会采用双季播叠播的方式。而不仅是周末三天，季播综艺的时段有向周间全面蔓延的趋势，周三、周四档被很多卫视开辟为新的季播节目档，容量在不断扩展中。

一些品牌化的季播节目连续推出好几季，如《中国好声音》《爸爸去哪儿》《奔跑吧兄弟》等连续几年在收视率和商业价值上创造着不俗的成绩。但这一时

期的中国电视综艺总体来讲，处于产量过剩与产能不足的状态当中，尽管数量在不断增长，但是真正优质的节目却并不多，很多节目推出一季以后便再没有第二季，数量扩容的同时需要更多优质节目的诞生。

（二）类型丰富拓展、同质化依旧困扰严重

由于产能和容量得到释放，电视综艺的内容在这一阶段也进行着探索，节目类型和样态在这一时期得到探索拓展，真人秀节目是主流、明星是参与主体，题材和形态超出了以往的实践，除此之外，还有一些其他的类型和题材也得到探索，如文化类节目与综艺元素的嫁接、喜剧类节目的多元化探索、脱口秀节目的成长、语言类节目的小规模爆发以及直播综艺的火热等。

中国电视综艺的发展一直都是在与外部的交流和互动中进行的，而在这一时期，这种互动与交流更具开放性和深入性，因此，电视综艺中的许多样态和类型都在这一时期被引入中国，欧美包括韩国的许多娱乐节目类型都在中国的电视荧屏上能够找到相应的版本，真人秀、真实综艺秀、韩式真人秀等不一而足。但与此同时，如何在与外部交流互动的过程中提高本土的原创和生产能力，也成为电视综艺行业亟待解决的问题。

在类型和品种不断丰富的同时，另一个显著特征便是电视综艺的同质化现象依旧非常严重，一类节目兴起之后，会带动大批的追随者与模仿者，歌唱节目、亲子节目、户外真人秀节目、韩式真人秀节目等都带来了相应节目的发展风潮。同质化是中国电视综艺一直难以摆脱的一个发展怪圈，是由很多原因造成的，这一时期依旧如此，对电视节目的真正创新发展造成一定困扰。

三、大投入、大产出成标配、商业价值极大释放

中国电视综艺节目的发展起点相对滞后，与国际电视综艺发展具有一定差距，但在这一时期里，这种差异正在慢慢缩减。随着电视综艺市场化和社会化的不断推进，其投入体量正在逐年增长，随着明星真人秀的火热，中国电视综艺已经进入一个高投入的时代。动辄上亿元的投资在电视综艺界已经成为一种普遍现象，明星价格、制作成本都在水涨船高，电视综艺不再是小打小闹的手工业作品，开始变成一种资本狂欢下的文化产品。

与之相对应的是，电视综艺的商业价值也得到极大释放。首先是广告，由于节目体量和品质的提升，现象级节目相继诞生，以它们为代表的电视综艺的广告价值得到空前释放，这一时期的几档现象级节目的冠名都在5亿以上，整体的广告价值在十几亿的量级，而且每年都有上升的趋势。《爸爸去哪儿》第二季冠名3.11亿元，广告总收入13亿元，加上产业链开发收入，吸金实力巨大。灿星制作2013年13亿元的营收基本上都来自《中国好声音》一个项目，而这档节目在2014年无论是在广告还是产业开发上都在持续增长。

其次是电视综艺领域也开始引入IP概念，即将电视综艺节目打造为具有独特价值的知识产权产品，基于IP进行的产业链开发也在不断深挖和拓展当中。例如《爸爸去哪儿》第二季除了创造出高额广告收入外，也在图书、电影、手游、可穿戴设备等方面进行了开发。《爸爸去哪儿》电影大年初一上映，收获了近7亿元的票房，第一季节目手游也有3000多万的流量。而《中国好声音》《中国好舞蹈》《非诚勿扰》《舞动全城》等节目都在产业链上进行了布局，电影、手游及其相关产品的开发都被不断在实践中探索。IP开发已经成为一种共识，综艺节目的价值还在释放当中。

四、制播分离成趋势、社会化公司崛起

电视剧和综艺节目一直以来都是最具市场化和社会化属性的两个领域，而综艺节目的制播分离步伐相较电视剧来说相对走得比较慢一些，但其社会化和市场化步伐从2012年开始加速了。灿星和浙江卫视就《中国好声音》达成制播分离合作取得巨大成功，并且释放了综艺节目的产能，在以往的制播分离合作中或者体制内的生产模式下是不可能产生投入如此之巨的节目的，但由于资本和对赌分成模式的引入，让这种大投入成为可能，最终“好声音”的高投入保证了节目制作、传播、营销等各个环节的高品质，为其成功奠定了基础。

至此之后，电视平台看到了制播分离对电视综艺制作传播带来的多重可能性，而社会资本和力量也看到了综艺领域的空间，于是制播分离开始成为一种趋势性的现象。目前，在综艺领域的制播分离有多种多样的方式，电视台和社会化的节目制作运营机构根据不同的项目和资源进行不同层面和方式的合作。连制作实力颇为雄厚的湖南卫视也在2016年开始在综艺领域首次尝试进行制播分离，韩国MBC原艺能局局长金荣希加盟中国制作公司之后制作的第一档节目《旋风孝子》就是在湖南卫视播出。

正是因为电视综艺市场价值的重新被评估和释放，以及电视合作模式的日益灵活与开放，大批专注于电视综艺制作和运营的社会化制作公司开始纷纷涌现。包括灿星制作、蓝色火焰、能量影视、天娱传媒、唯众传媒、中广天择、欢乐传媒、世熙传媒等在内的节目制作运营商都在这一时期出现。这些社会化的电视综艺制作力量有着不同的发展基因和属性，有的是以制作团队的力量见长，有的是以广告资源和力量为主（蓝色火焰等公司本身就是广告公司），有的则是以资本和资源的整合见长等，不一而足，社会化制作公司和力量在这一时期纷纷涌现，成为电视市场化发展过程中的一道独特景观。

与此相对应，体制内的一些制作力量在这一时期开始跳出，离开体制来到市场上进行打拼，他们或是自主创业，或是加盟社会化的公司，成为电视制作的社会化力量，如江苏卫视前副总监龚立波离开之后成立大道行知文化传媒公司，《非诚勿扰》团队也在2014年离开江苏卫视成立制作公司远景影视，《最强大脑》第二季也将采用制播分离方式同江苏卫视进行合作，湖南卫视《爸爸去哪儿》总导演谢涤葵也于2015年底离开湖南卫视。跳出体制在2014年甚至成为一种行业性话题，这些体制内力量的跳出补充了急速发展中的社会化制作力量。

五、引进模式被迅速消耗、原创和联合研发探索尝试

纵观这一阶段的特征，引进节目和模式节目是一个不得不说的话题，其带来的中国电视生产力和生产方式的革命性变化也是这一阶段的一个重要特征。对于国外优秀节目的借鉴与学习从20世纪末开始便一直伴随着中国电视综艺的发展，央视著名的《幸运52》《开心辞典》都借鉴于国外优秀的节目（前者借鉴自*GoBingo*，后者借鉴自《谁能成为百万富翁》），而《超级女声》也借鉴自当时火爆全球的《美国偶像》，《非诚勿扰》也因版权问题和湖南卫视的《我们约会吧》大打口水仗（后者引进自*Take Me Out*）。

中国的引进节目开始于2007年左右，湖南卫视的《舞动奇迹》引进自BBCW的*Strictly Come Dancing*，《以一敌百》引进自荷兰的*1VS100*，此时一批以模式引进和代理为业务的公司开始出现，如世熙传媒、IPCN等，各大电视台也开始将视角不断向外延伸，但总体来讲，引进节目的能量还没有释放，对于引进节目的价值，很多人还没有完全认识到。直到2010年《中国达人秀》的出现，让引进节目开始逐渐变得主流，而2013年《中国好声音》的爆发式成功，更是让人们看到引进节目所带来的价值，于是在2013年左右中国电视掀起了引进节目的热潮，几乎所有的国外优质节目模式被哄抢殆尽，引进的路线也经历了从欧美到日韩的变化。

直到 2013 年底，国家新闻出版广电总局对引进节目进行限制，《关于做好 2014 年电视综合上星频道节目编排和备案工作的通知》规定，卫视每年新引进的节目不得超过一档，同时当年不得安排在黄金档播出。而在 2015 年 7 月正式下发的《关于加强真人秀节目管理的通知》中对电视综艺的发展进行了创新创优的引导，其中规定“对引进节目模式要适度控制数量，要避免过度集中在某一地区或国家”。而在国家新闻出版广电总局 2016 年 6 月下发的《关于大力推动广播电视节目自主创新工作的通知》中，对引进节目版权进行了详细的规定，要求“各电视上星综合频道每年在 19：30~22：30 开播的引进境外版权模式节目，不得超过档。每个电视上星综合频道每年新播出的引进境外版权模式节目不得超过一档，第一年不得在 19：30~22：30 之间播出。”而所有引进的境外版权模式节目，都要提前两个月向新闻出版广电总局备案。

早期对引进模式节目的政策限制带来的一个结果是联合研发开始受到追捧，而随着对引进模式和联合研发节目的进一步限制，原创开始被播出平台和制作机构提上了日程。尽管引进节目被限制，但是不可否认，这一时期里的国外模式节目对中国电视整体生产力和创意水平的提高具有很强的推动作用，同时原创的临界点也在主观客观多重因素的制约下正式到来。

（一）引进模式节目的积极意义

模式引进节目即 Format，是电视商品化的一种产物，是电视节目进行商品化交易的通用规则，以 Bible（模式宝典）为主要物质载体，包括了节目内容形态、制作流程与环节、选角、全球各地制作经验等内容。模式不仅仅是创意，更是一整套节目的生产和制作流程。

引进模式节目对中国电视工业化发展具有重要的意义，带来了电视节目制作的全球化的理念和方式，中国电视人在引进制作的过程中，其实是与国际先进的节目制作方式接轨，《中国达人秀》《中国好声音》等节目在制作方式上的革新保证了节目的高品质，成就了节目的品相，这不得不说是引进节目带来的意义和价值。与此同时，中国的电视人在引进节目本土化的过程中对节目制作规律的把握，都为后续进行节目的自主研发奠定了基础。

除了欧美模式节目之外，对韩国节目的引进也是自《爸爸去哪儿》之后出现的一个风潮，2013年下半年至今，韩式节目成为中国电视荧屏上的一种主流的节目类型，韩国这些年出现的优质综艺节目如《两天一夜》、*Running Man*、《我们结婚吧》等全都出现在了中国电视荧屏上。除了经典的品牌节目之外，从2015年开始，几乎所有韩国上档的新节目都迅速被中国引进制作或者创意复制。从欧美到日韩，引进模式路径的变化也证明了中国电视生存土壤本身的一些变化。

同欧美节目相比，韩国节目在模式感方面较弱，并且没有所谓BIBLE，韩国节目的输出基本是以创意和人员的输出为主。韩国节目的游戏、规则、任务的设计都是因时因地而设，没有固定的流程和模式，因此人员的创意显得非常重要，这就是很多韩国引进节目中韩两国编创人员大量参与的原因，也是很多节目打出联合研发口号的原因所在。

韩国节目因其在文化上的亲近感和交流上的便利性，在中国受到了极大欢迎，并且由于政策上的限制，中韩双方的这种合作方式在当时来看更容易规避风险，因此在这一时期受到极大欢迎。韩国编创人员和韩国节目的进入，为中国电视带来了全新的制作方式，特别是在户外真人秀的制作上，其以明星为主要参与者、PD+编剧的制作机制，以及多机位大体量的拍摄制作模式都对中国电视娱乐节目的生产制作方式产生重要影响。韩国节目种类众多，包括喜剧节目、娱乐脱口秀、真实综艺秀（real variety）等，其中又以真实综艺秀为最主要的类型。

真实综艺秀是韩国电视人在借鉴欧美真人秀的基础上与本土的综艺秀相结合之后的产物，具有极强的韩式特色，2005年MBC的《无限挑战》算是韩国真实综艺秀的开山之作，此后这类节目在韩国综艺节目中开始成为主流，《两天一夜》《爸爸，我们去哪儿》《我们结婚吧》等都属于这类节目的典型代表。明星参与、真人秀方式呈现、综艺化的氛围，这是真实综艺秀的重要特点。塑造鲜活的人物形象，明星在节目中有着自身的角色定位；通过游戏、任务展开情节，同时制造戏剧性和冲突性。设置编剧工种，并通过后期剪辑保证情感和叙事，同时通过多机位的拍摄，善抓细节来完成叙事、表达情绪、传递情感。韩式真实综艺秀正是因为具备了这些特点，在中国的媒介环境与社会语境下，具有较强的普适性。并对中国电视内容的生产和发展产生一定的积极影响。

（二）原创的临界点

中国电视经过了几年的模式洗礼，在政策、市场等多重因素制约下进入一个相对的冷却期，联合研发和原创备受追捧。事实上，模式引进节目在目前也一直存在，很多所谓联合研发的项目只是为了规避政策风险而做的一种名称上的变换，总局也开始对这种变相的联合研发现象进行管理和调控。

原创节目的临界点也正在到来，一方面是因为国外优质的节目模式已经被中国电视引进殆尽，国外模式节目的吞吐量已经没有办法满足中国电视的需求，中国作为电视大国，对模式的消耗速度非常快，国外模式节目更新换代的速度赶不上国内对于新节目的需求量；另一方面则是基于自有版权开发意识的不断提高，IP（Intellectual Property 版权）价值的不断释放，对自有 IP 的渴望也成为很多节目生产者开发原创节目的动力所在。同时，中国电视在经历了数年的模式节目洗礼之后，在生产方式等方面都积淀深厚，为中国原创奠定了物质手段上的基础。

从主观与客观、政策与商业等多重角度看，中国电视原创的临界点即将到来，事实上，一些平台和公司已经开始在原创上进行有意识的部署和发力，如在 2014 年的春季戛纳电视节上，《我不是明星》《中国好歌曲》《汉字英雄》等本土原创节目都进行了推介，有的甚至已经销往国外电视机构。尽管中国电视原创还远没有形成气候，还有很多的道路要走，但在多年的积淀当中，已然具备了原创的土壤和条件。

第三节　生态环境

在爆发期，综艺节目的发展呈现超出以往任何时候的发展速度和发展程度，中国的综艺节目市场价值和空间开始得到认可并不断得到释放。综艺内容开始成为各大平台树立品牌和占领市场的重要节目品类，并成功将各平台的竞争门槛不断提高，进一步加剧了马太效应的出现，一些后进的卫视平台基本上失去了全国性竞争的可能性。与此同时，网络渠道和平台在这一时期进一步孕育发展，并在资本的推动之下，开始发力综艺内容，网络综艺成为一类新兴崛起的内容样态而受到关注，综艺内容因渠道、受众、接受方式的变化而不断进行着扩大与发展。

在这一时期，调控政策依旧是影响综艺节目发展的重要因素，一系列相关的管理和调控政策先后发布，对娱乐节目的限制进一步加强，特别是其中的真人秀节目以及有未成年人参与的节目成为重点调控对象，与此同时，对引进模式节目从数量到方式上都进行了限制，鼓励原创和多样化发展成为这一时期政策调控的重要方向。

制播分离和市场化发展是这一时期综艺节目发展的关键词，社会化的内容和运营公司如雨后春笋不断涌现，一些传统的影视公司和广告公司也开始纷纷进入这一领域当中。资本的嗅觉是敏锐的，随着大型综艺节目市场价值的极大释放，资本开始进入这一领域当中，助推综艺节目使其数量在这一时期暴增，到 2016 年，超过 400 档的电视综艺同台亮相。

资本也让综艺节目进入了大投入、大制作的时代，综艺节目的投入量级很快突破亿元级，并且在近两年不断水涨船高，明星真人秀节目的受追捧也让明星成为各方争抢的稀缺资源，明星片酬开始非理性疯长，整个行业生态进入了非理性发展的阶段。制播分离带来了综艺内容的市场化发展，以往与平台高度依附和内生性发展的综艺领域开始逐渐被市场化的合作关系所取代，卫视播出的节目由市场化公司制作的越来越多，而一些体制内的内容生产力量也开始跳出体制，进入市场进行打拼发展，形成了一股传统媒体人跳出体制的风潮。然而资本推动市场高速发展的同时，也带来了市场化发展的一些困境，空间与风险并存，成为这一时期综艺领域的一个重要特征。

在这一时期，中国的电视综艺进一步走向开放，并将交流和互动的对象从欧美转移到了韩国。与欧美国家在模式引进上的合作不同的是，与韩国的合作交流是全方位的，除了创意的引进之外，还包括制作技术和人员之间的深度交流，而韩国团队的加入也为彼时极速发展的中国电视综艺行业补充了生产力，一定程度上有利于中国电视制作实力的发展进步。

但这一时期中国电视综艺也不可避免地逐渐陷入了同质化和非理性发展的怪圈，单纯追求明星效应而忽视内容本身的创作，对引进模式创意过分依赖而不注重自主研发和创作，对明星类真人秀节目疯狂追捧却不顾多样化和创新发展的可能性，因此对于引进模式的热潮自上而下开始有了限制，引导中国电视综艺理性发展。

一、竞争环境：内外夹击、综艺节目渐成竞争主体

从2012年开始，随着《中国好声音》等大型综艺季播节目的兴起和发展，中国电视综艺开始正式进入大片化和主流化发展的阶段。综艺节目的市场价值空间得到释放之后，开始成为各大平台发力的重心。电视综艺制作和播出模式的特点，也让其对频道和平台本身的品牌塑造发挥更大的价值，因此电视综艺在这一时期成为各卫视品牌竞争的主体，并且随着电视综艺的投入越来越大，竞争和准入门槛越来越高，由于其对市场和观众挤占，也进一步加剧了卫视发展的马太效应。综艺节目成为这一时期各大平台竞争的主体，而综艺节目从受众、时段到市场空间的抢夺都进入了白热化的阶段。

电视端口的竞争越发激烈的同时，以视频网站为代表的网络视听新媒体也在这一阶段不断崛起发展，从版权内容到自制内容先后开始发力，而网络综艺类节目开始成为这一时期新媒体竞争的重点领域。网络综艺内容的发展对综艺节目整体的发展带来不小的影响，一方面从渠道、受众、人才、市场等方面与传统的电视综艺形成强势竞争的态势；另一方面也扩展了综艺节目新的传播内容与样态，给综艺节目的整体发展生态带来影响。

（一）综艺成卫视品牌竞争主体，马太效应加剧

电视剧、综艺节目和电视新闻向来被看作是卫视竞争的三驾马车，构成一个频道发展的基本内容和根本动力。而在这一时期，由于综艺节目处于高速发展的阶段，可以看到的一个重要现象是，综艺节目成为平台竞争的主力军，在三驾马车中表现出强劲的发展势头，从收视率和影响力上对卫视品牌建构产生绝对性的作用。

湖南、浙江、东方等卫视平台都因为综艺节目的发展而使得品牌形象不断得到强化，卫视之间的竞争格局也因为综艺节目的发展而发生了一定的变动。综艺内容成为卫视竞争的主体，各大平台开始将资源投入到综艺节目的生产与制作当中。但由于综艺节目大投入的趋势越来越明显，因此竞争门槛也不断提高，动辄上亿元的投入让一些后进的二三线卫视失去了竞争的可能性，平台之间的马太效应在这一时期也因为综艺节目的发展而变得越发严重。

1. 综艺节目助推卫视品牌建设，成平台竞争主体

这一时期的卫视已经进入高速竞争的时期，上星频道众多，但大部分平台已

经失去了全国性竞争的能力和可能性。但卫视第一阵营的竞争，在这一阶段反而进入了异常激烈的时期，卫视格局也在发生着变化，而此变化与综艺节目发展有着密切的关系。

首先，综艺节目的发展成为卫视品牌竞争的动力，推动卫视的品牌建构。在这一阶段里，几档现象级节目的相继涌现，都为相关的平台带来了巨大的价值回报。除了收视、广告等不断突破过往的大体量的回报之外，现象级综艺对卫视品牌建设的力量也是巨大的。

浙江卫视凭借《中国好声音》（2012 年首播）、《奔跑吧兄弟》（2014 年首播）两档现象级节目而稳居一线卫视的行列，持续居于卫视前三强的位置，也让浙江卫视在歌唱节目以及户外真人秀领域占据了强势的地位、累积了生产能力。

东方卫视在这一时期也开始发力发展和布局综艺内容，多点布局喜剧类、脱口秀类和户外真人秀类节目的策略也收效颇丰，包括《欢乐喜剧人》《笑傲江湖》《金星秀》《今晚 80 后脱口秀》《极限挑战》《花样姐姐》等节目在相关类别中都取得不俗成绩，其中几档也成为标杆性节目。综艺策略的加持成功帮助东方卫视从 2016 年开始进入一线阵营，搅动了多年来已经相当稳定的卫视发展的格局，在一些城市网的数据中进入第三的位置，这种势头依旧还在延续。

湖南卫视向来是在综艺节目领域发挥着引领性的作用，在这一时期里，湖南卫视综艺内容也产生过包括《我是歌手》《爸爸去哪儿》在内的爆款节目，在综艺类型和产量上保持在较高的量级，也因此一直坚守在省级卫视第一的位置上，但也因为综艺领域的不断发展，其与第二三名卫视之间的距离事实上在缩小。

其次，卫视之间的竞争进入以综艺节目为竞争主体的阶段。随着综艺节目的市场和品牌价值在这一时期里不断得到释放，一档大型季播节目的投入产出往往在数亿元以上，而爆款级的节目收视率基本都能够达到百分之二三以上，通过微博、微信等渠道发酵的话题量也非常巨大。从收视率、关注度再到市场回报，综艺节目的潜力都得到认可和释放。尽管在这一阶段，综艺节目的发展确实存在一些非理性和过热的现象，但其已经成为竞争的主体领域，却是不争的事实。因此可以看到，卫视周末的黄金时段以及晚间时段，基本都被大型季播节目所承包，而季播综艺也开始有向周间时段扩展的趋势，多家卫视都在周间时段开始培养自己的综艺内容。

与电视剧相比，综艺节目对于平台的品牌捏合度事实上要更高，由于电视综艺的生产制作一般属于定制模式，平台会根据整体发展战略与调性进行布局。在这一时期，在综艺节目的创作、传播、运营上各家卫视都投入了最大的资源，很多卫视都是集频道之力去打造大型的品牌节目，而几档现象级节目在这一时期里高频率的出现，也与这种资源上的投入和匹配有着密切的关系。例如湖南卫视《爸爸去哪儿》的制作和运营，就集合了湖南卫视频道多个节目生产团队的力量，进行整建制的投入，匹配到的营销资源也是非常巨大的，为这档节目的成功提供了动力和基础。

2. 竞争门槛提高，马太效应加剧

综艺节目在这一时期发展成为卫视竞争主体，每年各大卫视的发展战略编排中，综艺节目成为其中的重要组成部分。事实上，综艺节目的竞争一定程度上继续拉开了卫视之间的差距，大体量、大投入的综艺节目成为很多二三线卫视不能承受之重，逐渐失去了参与竞争的资格和能力，而这带来的一个必然结果就是，平台之间的马太效应进一步加剧。

从《中国好声音》开始，综艺节目进入了大投入、大产出的“大”时代，特别是随着明星真人秀节目的兴盛，综艺节目的制作投入成本持续走高，这背后还有资本这只看得见的手在不断推波助澜。因此要加入周末档的竞争，大型综艺节目基本上都在上亿元的投入量级，而综艺节目的变现模式基本上还是以广告为主，而收视率又是广告变现的硬通货，对于二三线平台来说，其收视水平和广告变现的能力还不足以达到这样的量级，广告市场和资本市场都得不到认可，基本没有持续产出大型综艺季播节目的能力，也就相当于失去了参与竞争的可能性。

因此，在这一时期，一线卫视和二三线卫视之间的距离进一步拉开，无论是从收视率和关注度的角度来看，还是从品牌度的角度去考察，前十以后的卫视平台影响力逐渐走低，而位处前五的一线平台阵营则聚集了更多的观众和市场资源，平台之间的竞争也基本发生在第一阵营当中。

（二）网络渠道崛起，综艺内容渠道样态持续扩张

在综艺节目发展的爆发期里，一个重要的特征就是新兴媒体渠道的兴起为综艺节目的发展带来深刻的影响。新的技术和渠道的兴起首先为电视综艺带来前所未有的新的竞争环境，从观众、内容再到渠道形成全方位抢夺，电视综艺与网络

也在竞合之间相伴相生，互相影响发展前进，因此网络视频的崛起与成长成为电视综艺在这一时期发展过程中的一个重要的生态因素。

1. 网络综艺兴起、样态探索不断

互联网视频从2006年开始经过十多年的发展，已经形成了自己的发展格局，并且开始变得主流化，截至2016年，视频网站经过大浪淘沙和优胜劣汰之后，已经形成了包括爱奇艺、优酷土豆、腾讯视频、乐视视频、芒果TV、搜狐视频在内的六大平台格局，其中腾讯视频、优酷土豆、爱奇艺背后更是有三大互联网巨头BAT的支持，资本力量相当雄厚，并且作为相应生态里的一极而获得相关的资源支撑。而芒果TV作为广电系的视频网站，虽然从2014年才开始正式上线，但依托于湖南广电强大的内容生产能力，以独播+独特的战略迅速积累用户和粉丝。

内容是视频网站生存发展的根本，因此从发展的初期开始，各大视频网站就一直在进行着内容的抢夺与布局，从最开始的盗版与反盗版，再到后来烧钱投入版权大战，再到视频网站纷纷进军自制内容，网络视听新媒体的内容发展战略经过几轮的发展。截至2016年，基本上确立了外购加自制的普遍路径，而自制内容生产的战略地位变得越来越高。

对于视频网站来说，自制内容不仅可以更好地依据平台属性进行内容的组织生产，而且在商业化运作上拥有更多的主动权。从2015年开始，多部视频网站的自制剧成为爆款，如《盗墓笔记》《最好的我们》《太子妃升职记》《鬼吹灯之精绝古城》等，并成功帮助视频网站开拓了用户付费的商业模式。而在这一时期里，随着电视综艺的火热，网络自制综艺也开始进入一个前所未有的高速发展期。在这一时期里，《奇葩说》（爱奇艺）、《拜托了冰箱》（腾讯视频）、《火星情报局》（优酷）、《明星大侦探》（芒果TV）等现象级的爆款网络综艺相继出现，为各大平台带来流量和关注度的同时，也为网络综艺自身的发展进行了有益的尝试和探索。

2014年被称为网络综艺的发展元年，《奇葩说》在这一年诞生；2015年网络综艺全面崛起，被称为野蛮生长的一年；2016年，各大视频网站集体发力网络综艺内容，代表性作品在这一年纷纷涌现。据媒体统计，2016年全年共有98档网络综艺上档（除去小型资讯类网络节目以及电视节目的衍生节目），而各大平台推出的网络自制综艺都在10档以上，是2014年各大平台推出的自制综艺的3~4倍。①

网络综艺的体量与电视综艺相比整体上较小，投资基本上都在千万级别，而在节目类型上，网络综艺也在逐渐探索、形成自己的路径和方法。其中以脱口秀为代表的话语方式类的节目成为网络综艺的一大重要类别，这类节目往往拥有较强的互动性、社会性以及较为灵活的形式，再加上相较于电视平台较为宽松的话语表达环境，都促成了这类节目的火爆，以《奇葩说》《火星情报局》《吐槽大会》为代表的话语方式类节目在这一时期受到欢迎。同时，网络平台在题材的选择上与电视综艺有所重合，但也有很大区别，很多在电视平台上无法很好地生根落地的题材在网络上找到了生存的土壤，比如脱口秀节目、悬疑探案类节目、偶像养成节目、选秀节目等。

2016年被称为直播元年，在这一年里数百个直播平台进行生死较量，而直播样态也为网络综艺的发展提供了新的技术和渠道，“直播+综艺”成为这一时期网络综艺样态的一大类别，包括《看你往哪儿跑》（腾讯视频）、《十三亿分贝》（爱奇艺）、《潜行者计划》（优酷）、《完美假期》（芒果TV）等都属于直播综艺的探索。

2. 从内容、观众再到人才，台网全面争夺

网络综艺在内容样态、传播方式上的探索，成为综艺节目发展的重要组成部分，并且在与电视综艺的互动交流中也形成相互作用与影响的关系。事实上，网络综艺成为视频网站发力的重点，从渠道、受众、内容再到人才上都与电视综艺形成竞合的关系。

首先从渠道和受众上来说，随着移动互联网的发展普及，普通人视频消费的渠道开始发生变化，特别是对于年轻人来说，转向互联网成为一种普遍的选择。互联网不受时间、空间束缚的视频使用模式，对于年轻人来说有着很强的吸引力，而网络内容本身的探索也为用户带来了海量优质的内容，对用户来说，可选择的空间更大。

其次，从版权内容到自制内容，凭借着资本的强大支撑，视频网站这一时期

① 江来、杨颖.2016年网络综艺行业年检报告.公众号“看电视”，2017年1月30日，http://mp.weixin.qq.com/s/aprEyya-FDVQ9gMCXZTpwA

在内容生产与运营上有了空前的发展，包括剧集和综艺以及其他类型的视频内容在网络上大量出现，并且随着投入的增大以及平台本身认可度的逐渐提升，网络内容的精品化和优质化成为一种趋势，这一时期开始，网络内容逐渐摆脱粗制滥造和不入流的状态，涌现出大量精品内容。一方面是网络平台对优质电视综艺节目的抢夺异常激烈，特别是几档大型季播节目引发全民收看热潮的时候，大型电视综艺节目被视频网站疯狂抢购，例如在 2013 年，搜狐视频就以过亿的版权费用抢得《中国好声音》第二季的网络独家版权，而《中国好声音》第三季的网络版权更是被腾讯以 2.5 亿的高价拿下。随后几年，视频网站对综艺节目的版权争夺进入相对理性的阶段，但优质的内容依旧是争抢的对象，成为电视综艺市场营收的重要一极。

而在这一时期，一些精品网络综艺也输出到电视平台，如爱奇艺出品的《我去上学啦》、腾讯出品的《燃烧吧少年》都在浙江卫视进行了播出，网络内容的反向输出成为台网互动的一大现象。

再次，综艺内容生产、制作的人才开始纷纷涌入互联网，形成了传统媒体人向互联网大迁徙的一个小高潮。随着网络渠道的崛起以及各大平台对网络自制内容的布局，人才从传统媒体流入互联网就成为其发展的动力，也成为一种必然的趋势。这一时期，马东、刘建宏、郑蔚、陈伟、王平、王晓晖等传统电视的内容生产者和管理者们跳进互联网，其中王晓晖更是因其从央广副台长、王平因其从湖南广电副台长的职位上进入网络视频领域而受到不少关注。此外，还有谢涤葵、易骅、岑俊义等传统电视综艺的金牌制作人也开始进入网络综艺内容的生产制作行列当中，人才的进入为网络综艺的发展提供了根本动力。

二、政策环境：调控不断、引导电视综艺发展走向

政策对于综艺节目的发展发挥着调控引导的重要作用，而在电视综艺发展的爆发期里，一系列相关政策的出台事实上也影响了这一时期综艺节目的发展走向。可以看到，这一时期在综艺节目领域的调控政策不断出台，对某一时期综艺节目领域的非理性发展的现象进行了调控，而现象级节目的频出也让这一时期综艺领域的非理性发展的现象不断涌现，因此自上而下的调控政策的出台就成为这一时期的一个重要特征。总体来讲，对歌唱类节目、亲子类节目、明星类真人秀节目进行调控是这一时期政策调控的主流，而鼓励自主原创、多样化发展，限制对引进节目的制作，则成为这一时期政策走向的另一个重要特征。

(一)“限娱”趋势进一步加强，真人秀成为重点调控对象

事实上，对于娱乐节目的引导和调控在中国电视综艺节目进入发展期以来就一直存在，对同质化和低俗化现象进行引导是过往调控政策主要的内容和目标。而在这一时期，同样出现了许多非理性发展的现象，同质化跟风现象依旧严重，几乎每一次新的节目类型兴起之后都会带动大批节目的跟随，歌唱类节目、亲子节目、明星真人秀节目等无不是如此。因此对这三类热门节目带动的非理性发展现象进行调控就成为这一时期政策调控的主要方向。

1. 歌唱类节目受到调控，进黄金档需取得牌照

2012 年，随着《中国好声音》的热播，歌唱类节目再次在中国复苏，而湖南卫视于 2013 年年初推出的《我是歌手》大火再次将这种歌唱类节目的热潮点燃。2013 年成为歌唱类节目的大年，数十档歌唱类节目在这一年同步被推出，特别是在暑期档，歌唱节目扎堆出现，满屏尽是歌唱节目的身影。

为此，2013 年 7 月，国家新闻出版广电总局下发了《关于进一步规范歌唱类选拔节目的通知》（以下简称《通知》），对歌唱选拔类节目实施总量控制和分散播出的调控政策。《通知》里表示，此次调控的原因主要是“目前歌唱类选拔节目存在总量偏多、形态雷同、铺张奢华、夸张作秀等问题”。可以看到，这一被戏称为“限歌令”的调控政策也主要针对这几个方向。

首先，避免节目奢华雷同；提出歌唱类节目要坚持少而精的原则，不能一哄而上、跟风模仿。要求在 2013 年当年各平台一律不再进行歌唱类节目的制作，已经开始制作的推迟到第四季度。到同年 9 月，限令进一步升级，总局要求 2014 年仅有四档此类节目进入黄金档，每季度安排一档，而其余歌唱类节目均不得在晚上 10：30 之前播出。歌唱类节目进入黄金档需要取得牌照，2014 年，一季度《我是歌手》、二季度《最美和声》、三季度《中国梦之声》、四季度《梦想星搭档》成为进入黄金档的四档歌唱节目。由于无法进入黄金档，歌唱类节目 2014 年在数量上迅速减少，歌唱类节目调控作用明显。

其次，在此次“限歌令”中也明确规定了对参赛选手、主持人、评委、嘉宾做好引导和把关，导师点评要有专业性和针对性，避免夸张作秀、不能喧宾夺主，同时，不能为夺眼球煽情作秀、夸张搞怪或者渲染悲切情绪。事实上，这些

规定在上一轮对选秀节目的调控当中就有所涉及，而这一轮对歌唱节目的调控进行了进一步的强调和细化。

再次，鼓励原创节目，实施优先备案。这一轮歌唱类节目的热潮也伴随着引进节目的热潮，因此总局此次调控政策也对原创节目进行鼓励，要求各卫视大力进行自主创新，对于原创节目采用优先备案、评奖倾斜等鼓励措施，同时对于引进模式节目进行严格管理和调控。

可以看到，此一轮对歌唱类节目的调控，效果非常明显。从 2013 年下半年开始，歌唱类节目的数量明显减少，这一轮歌唱类节目的热潮开始逐渐消散。

2. 真人秀类节目调控进一步升级

随着《爸爸去哪儿》《奔跑吧兄弟》等真人秀节目的热播，从 2014 年开始，真人秀节目开始火热荧屏，特别是明星参与的韩式真人秀节目受到市场的追捧，各大平台陆续推出多档明星类的真人秀节目，真人秀节目在这一时期进入同质化和非理性发展的阶段。节目内容有意思但没意义，明星作假、作秀现象频发，普通人彻底退出电视综艺等现象成为这一时期真人秀节目发展的重要特征。

针对这些现象，总局首次专门针对真人秀节目出台了调控管理政策。于 2015 年 7 月 22 日推出《关于进一步加强真人秀节目管理的通知》（俗称限真令），对真人秀节目从内容到价值进行调控引导。纵观这一“限真令”，总体方向包括六点：

（1）融入社会主义核心价值观，发挥好真人秀节目的价值引领作用。要求真人秀节目的环节设置、人物言行、情境故事等要体现社会主义核心价值观，并特别提到道德建设和婚恋情感类真人秀节目不能故意以激化矛盾来达到吸引眼球的目的，也不能以考验和测试的名义来制造、展示人性之恶，同时还对参与嘉宾的道德操守进行了规定，不允许邀请有丑闻劣迹和吸毒嫖娼等违法行为的明星参与节目。

（2）真人秀要挖掘展示思想文化内涵和社会意义。要求真人秀节目要贴近火热的社会现实，防止把节目办成脱离现实、脱离群众的无聊游戏、奢靡盛宴。总的来讲，要求真人秀节目在有意思的同时要不断追求有意义。

（3）大力推进和鼓励创新创优。要求真人秀节目坚持以我为主、开拓创新，鼓励原创节目模式，对引进节目模式数量进行严格调控，避免过度集中在某一国家或者地区，同时加大对变相引进模式的治理力度，实际上对这一时期一窝蜂引进韩国节目的现象进行了遏制，而对于以联合研发为主打的变相引进方式也将进行管理。

（4）避免过度明星化、关注普通人。提高普通人参与真人秀节目的比例，不能把节目办成拼明星和炫富的场所，要求节目力戒铺张奢华、坚持节俭办节目。

（5）坚决抵制低俗和过度娱乐化倾向。要求真人秀不应该成为低俗的娱乐秀场，要体现真实和真诚，在环节设计上要真实，同时防止明星嘉宾作假作秀，减少未成年人参与节目，注意对未成年人的保护。

（6）加强管理调控，引导真人秀节目健康发展。“好节目进入好时段”，并要求通过黄金时段节目备案制、各类评奖评优的方式来达到倡优抑劣、科学调控的目的。实际上是从一系列管理调控的手段入手对真人秀节目进行调控。

可以看到，此次“限真令”主要是针对明星类真人秀泛滥以及其内容、导向存在的一些问题而出台的，对真人秀的内容、导向、参与嘉宾、创意来源等进行了全方位的调控和引导。此“通知”一出，各真人秀节目在嘉宾选择和内容设计等方面都进行了适当的调整和把控，真人秀从数量到质量上的非理性发展的趋势得到一定程度的控制。

3. 未成年人、星二代参与节目受到限制

《爸爸去哪儿》的火爆带动了亲子类节目的热潮，一大批由未成年人参与的节目在这一时期相继上档，特别是有明星二代参与的节目更是大量涌现。针对此类现象，2016年4月，国家新闻出版广电总局下发《关于进一步加强电视上星综合频道节目管理的通知》，对真人秀节目的数量、内容、播出时间等进行了进一步的调控，严格控制未成年人参与真人秀节目，不得宣传炒作明星子女、防止包装造“星”、一夜成名。

这个被俗称为“限娃令”的“通知”，要求对有未成年人参与的节目进行严格把关，各时段上档的未成年人参与节目都需要向总局备案并获得审批，而未成年人参与的真人秀节目原则上不能进入黄金时段或者次黄金时段播出，并提出原则上不允许制作播出明星子女参与的真人秀节目。

这一限令的影响是巨大的，在2016年荧屏上的未成年人参与的真人秀节目

基本都消失了，《爸爸去哪儿》转战网络，而湖南卫视原本在计划当年播出的《妈妈是超人》也改在芒果TV播出，浙江卫视老牌节目《爸爸回来了》以及打算上档的《小鬼来当家》均搁浅不播，而江苏卫视原本计划上档的明星亲子类厨艺节目《加油小当家》第二季也并没有继续制作播出。

电视平台上的亲子类节目在限令的作用下几乎消失殆尽，一些品牌化的亲子类节目开始转战互联网，如《爸爸去哪儿》《妈妈是超人》等，而由东方娱乐联合腾讯视频制作的《放开我北鼻》也成为网络亲子综艺的代表作。

（二）鼓励多样化发展，自主创新成关键词

同质化长期困扰着中国电视人，掣肘中国电视发展，在综艺节目领域表现得尤为明显，一类节目兴起之后，就会迅速被复制跟随，进而进入泛滥和非理性发展的状态。在这一阶段，由于综艺节目的爆发式发展，同质化现象表现得尤为明显。在短短的四五年时间里，已经先后经历了歌唱类节目、亲子类节目、明星真人秀类节目、喜剧类节目等好几轮发展的小高潮，在有些领域，非理性发展的现象表现明显，因此对节目同质化现象进行调控、鼓励多样化发展就成为这一时期限令的一个重要的方向。而随着引进类节目在中国的成功，引进模式节目受到追捧，从欧美到韩国，国际上经典和创新的节目模式在这一时期里几乎被中国的电视行业所引进殆尽，为了扭转这种现象，从政策上进行管理调控，对引进热潮进行限制、鼓励自主创新成为政策的重要方向。

1. 丰富节目类型、做好备案工作

2013年，随着以歌唱类节目为代表的娱乐节目进入同质化发展的状态，以及国外模式节目被疯狂引进，国家新闻出版广电总局从丰富节目类型和加强自主原创的目的出发出台了《关于做好2014年电视上星综合频道节目编排和备案工作的通知》（2013年10月12日下发），对这一阶段综艺节目领域的非理性发展的现象进行了调控。

这一被称为“加强版限娱令”的通知，实际上是对此前出台的“限娱令”的补充和细化，首先要求优化节目结构、丰富节目类型，对上星综合频道播出新闻、经济、文化、科教、生活服务、动画和少儿、纪录片、对农等类型节目的播出比例进行了规定，要求最少不低于30%，同时要求在每天的6：00~24：00之间安排道德建设类节目的播出，同时要求每天6：00至次日1：00之间，至少安排播出30分钟的纪录片，而在8：00~21：30这一时段里，至少播出30分钟的国产动画或少儿节目。

与此同时，《通知》还对模式引进节目进行了严格规定，要求上星综合频道每年新引进的国外模式节目不超过一档，并且当年不得安排在19：30~22：00之间的黄金时段进行播出。《通知》要求各上星综合频道每年实行年报制度，对各项规定、指示的具体履行情况通过年报进行报告，总局进行审核，并安排奖惩。

《通知》还要求从2014年开始任何时段播出的新闻类、道德建设类、歌唱选拔类、晚会类、引进境外版权模式节目要进行提前备案，提前申报备案的时间是两个月，而每天在19：30~22：00的黄金时段播出的娱乐类节目，包括婚恋交友类、才艺竞秀类、情感故事类、游戏竞技类、综艺娱乐类、访谈脱口秀、真人秀等类型的节目，需按规定履行备案手续。① 而对于歌唱类节目每季度择优一档进入黄金档，电视晚会在节假日期间每日不得超过三台的规定，也是在此次“加强版限娱令”中提出的明确要求。

2. 控制引进节目、鼓励自主原创

随着《中国好声音》《中国达人秀》《爸爸去哪儿》《奔跑吧兄弟》等一大批引进国外模式节目的走红，国外模式节目开始受到中国电视市场的欢迎。在这一时期里，引进类节目经历了一个从欧美到韩国的发展过程，事实上，国外经典以及新创的模式节目几乎都能够在中国找到本土化版本，而这一时期大部分的综艺节目背后都有国外基因，要么直接引进、要么借鉴复制，原创类节目失去了生存的空间。

为了扭转这种形势，国家新闻出版广电总局先后出台的多个政策当中都对国外引进类节目进行了调控，包括《关于做好2014年电视上星综合频道节目编排和备案工作的通知》《关于加强真人秀节目管理的通知》等都有关于限制引进类节目数量、播出时段等的规定，引进类节目被要求要严格履行备案制度，一些变相引进的方式也被严格控制。2016年6月，国家新闻出版广电总局再次发文，对引进节目进行限制的同时，对原创类节目进行鼓励，《关于大力推动广播电视节目自主创新工作的通知》一文对加强自主创新、920时段编排、引进模式节目管

① 国家新闻出版广电总局．《关于做好2014年电视上星综合频道节目编排和备案工作的通知》

理等方面进行了明确。

这一《通知》的一个重要特点就是出台了引进类节目管理的细则，首先对引进类节目的数量进行了进一步的控制，要求“上星综合频道每年在 19：30~22：30 开播的引进境外版权模式节目，不得超过两档。每个电视上星综合频道每年新播出的引进境外版权模式节目不得超过一档，第一年不得在 19：30~22：30之间播出；”① 同时再次重申上星综合频道引进播出国外模式节目都需要提前两个月向国家新闻出版广电总局申请备案。

而《通知》也对“联合研发”的方式进行了规定，要求由境外人员担任主创或发挥主要作用的节目，如中方未取得完全的知识产权，视为引进类节目进行管理。同时，《通知》也鼓励将 920 时段作为原创节目创作的重要基地，研发不同类型的节目，而同一档真人秀节目原则上一年只制作播出一季，防止资源的过度消耗。这一《通知》堪称是史上最严格的对引进模式类节目的调控政策，同时也可以看到总局在鼓励自主原创方面的决心和力度。

同时，从 2016 年开始，由于广电领域的政策以及政治因素的影响，韩国元素在很多电视综艺节目中开始趋冷，一些引进的韩国模式节目也开始进行改动变为原创节目，而一些韩国制作人也开始逐渐退出中国大陆市场，“限韩”成为这一年的一个关键词。

纵观这一时期的政策环境，疏导同质化乱象和限制引进节目鼓励自主原创成为两个重要的方向，在每一阶段又有针对当时发展状况的不同维度的政策出台，对中国电视综艺的节目类型、市场进行调控和引导，可以说取得了一定的效果，但也没有从根本上改变中国电视综艺发展过程中的一些桎梏和问题。

三、市场环境：资本进入、市场空间与风险并存

随着电视综艺市场化进程的不断推进，综艺内容也成为继电视剧之后走市场路线的节目内容，制播分离在这一阶段开始成为综艺领域的一种趋势。资本在这一阶段开始进入综艺行业，综艺内容的市场价值也得到进一步释放，以大投入、大制作为主要特点。由于节目体量的不断增大以及节目数量的猛增，制播分离也成为电视平台整合市场资源的一种必然选择，各类社会化的综艺节目生产和运营公司如雨后春笋一般涌现，而一些体制内的生产和制作者们开始纷纷离开到市场

① 国家新闻出版广电总局．《关于大力推动广播电视节目自主创新工作的通知》

上进行打拼，补充着社会化的生产力量。

可以看到，市场化发展对于综艺产业确实起到了推动的作用，资本的进入让综艺节目改变了以往小成本小投入的状况，让大投入大制作成为可能，对产业链各个端口的迅速成长起到了积极的作用。但是也要看到，市场化在这一时期里也往往容易陷入非理性，对于热门节目类型的盲目追逐、对于大明星的追捧以及产业链衍生出来的一些灰色地带如收视率造假等问题也相继出现，事实上在破坏着整个产业生态的发展，也为市场本身带来更多风险。

（一）电视综艺进入亿元时代、制播分离成大势所趋

以往中国的电视综艺都是由电视台自己组织生产，从投入到制作人员的配给基本上都隶属于台里，90 年代末开始有一部分制播分离的案例出现，一些社会化公司也开始涌现，但是基本都是以承制为主，并且不是主流，受限于政策因素，综艺领域的制播分离一直没有得到较大的发展。

直到《中国好声音》的出现，浙江卫视与灿星制作共同投资、制作、运营，开拓出全新的制播分离的商业模式，对赌分成模式让社会化公司有了更多获取利润的空间，改变以往只是简单赚取制作费的模式。而像《中国好声音》这样的现象级节目所释放出的巨大的广告能量与市场价值也让资本敏锐地嗅到了商机，于是随着几档大型季播节目如《我是歌手》《爸爸去哪儿》《奔跑吧兄弟》的带动，中国电视综艺开始进入“大”时代。

“大”时代的一个重要标志就是投入量级的不断增大，动辄上亿的投入几乎成为大型季播节目的标配。特别是随着明星真人秀的受追捧以及市场对大牌明星的无节制追逐，让明星片酬价格在这一时期里得到疯狂的增长，并逐渐演化为明星片酬占据综艺节目绝大部分投入，实际上是资本带来的畸形的发展状态。

综艺市场的制播分离在这一时期成为一种发展的大趋势，一方面大型综艺必须依靠资本和社会化力量才能够支撑运转，特别是随着综艺节目时段的不断拓展，卫视综艺节目的数量呈几何式增长，需要与社会化公司进行合作。包括浙江卫视、江苏卫视、东方卫视、北京卫视、深圳卫视等各大卫视都开始大规模以制播分离的方式来进行综艺内容的补充和运营，而一向拥有较强制作实力的湖南卫视也在 2016 年开始开放平台，首档制播分离的综艺节目《旋风孝子》在 2016 年一季度上档，2017 年湖南卫视的这种制播分离的尝试进一步扩大，数档制播分

离的节目将在这一年上档。

表 5-4　这一时期部分明星参加真人秀节目片酬（整理自媒体公开报道）

明星	参与节目	片酬
那英	《中国好声音 3》	1800 万/季
萧敬腾	《最美和声 2》	1300 万/季
张柏芝	《明星到我家》	1500 万/季
冯小刚	《笑傲江湖》	2000 万/季
孙红雷	《极限挑战》	300 万/天
黄磊	《极限挑战》	3000 万/季
范冰冰	《挑战者联盟》	6 万/分钟
姜文	《造梦者》	4500 万/季
郭富城	《中国好舞蹈》	3000 万/季
邓超	《奔跑吧兄弟》	100 万/天

而在市场和资本的推动下，产业链上各个端口的社会化力量在这一时期开始出现，一大批社会化制作和运营公司在这一时期纷纷涌现，包括灿星制作、蓝色火焰、世熙传媒、欢乐传媒、合宝娱乐、千足传媒等节目内容制作和运营公司在这一时期出现，一些传统的电视剧和广告公司也开始涉足综艺领域，比如华录百纳就收购了蓝色火焰进行综艺内容的运营，而蓝色火焰则是从广告代理公司起家。随着综艺产业市场化的发展，产业链各端口也出现不断细分化和市场化的现象，包括综艺节目的后期制作、前期编剧、现场执行、舞美灯光、宣传营销等各个端口都有专业化的团队和公司涌现，诸如专注于后期制作的 BKW、星驰传媒、爆谷传媒等是伴随着真人秀节目的发展而成长起来的公司，在市场上有着自己的独特价值。

表 5-4　这一时期表现活跃的社会化节目制作和运营公司

公司名称	代表作品	成立时间/特点
灿星制作	《中国好声音》（《中国新歌声》） 《中国新歌曲》	2010 年。星空华文传媒旗下公司，团队主体为原东方卫视管理和制作人员。
蓝色火焰	《女神的新衣》 《旋风孝子》	1998 年。广告代理公司起家，2014 年开始进入节目制作领域，并与韩国电视 MBC 原艺能局局长金荣希共同成立公司，制作《旋风孝子》。

续表

公司名称	代表作品	成立时间/特点
远景影视	《最强大脑》 《四大名助》	2015 年。原江苏卫视副总监王培杰创办。
哲悦传媒	《约吧！大明星》《战斗吧，男神》	2014 年。原《爸爸去哪儿》总导演谢涤葵创办。
酷娱影视	《偶像就该酱婶》	2016 年。原央视著名导演、主持人哈文、李咏创办。
日月星光	《非凡搭档》《看你往哪儿跑》	2015 年。原深圳卫视节目总监易骅创办。
唯众传媒	《开奖啦》《暴走法条君》	2006 年。原湖南卫视节目中心副主任杨晖创办。
银河酷娱	《火星情报局》	2015 年，原湖南卫视电视人李炜创办。
米未传媒	《奇葩说》	2015 年。原央视著名主持人马东创办。
乐禧传媒	《单身战争》	2015 年，原《奔跑吧兄弟》总导演岑俊义创办。

综艺节目市场化和制播分离的趋势之下，也随之出现了另外一个现象，就是体制内人才向市场的流动。从 2014 年开始，传统体制内人才离职潮成为一个受到很大关注的行业话题，他们或者自己创业，或者加入社会化公司与视频网站，成为市场化内容制作和生产者，开始进入市场进行打拼。

这一时期，包括原浙江卫视副总监兼节目部主任杜昉、浙江卫视原总监夏陈安、《奔跑吧兄弟》总导演岑俊义，江苏卫视副总监兼项目部主任王培杰、江苏卫视副总监兼总编室主任侍浩军，湖南卫视《爸爸去哪儿》总导演谢涤葵、《花儿与少年》总导演廖珂等纷纷离职，他们中的大部分选择自主创业，如王培杰创办了远景影视、岑俊义创办了乐禧传媒、谢涤葵也创办了自己的公司哲悦传媒，哈文和李咏创办了酷娱影视，其中有很多还与原任职平台继续保持合作关系。有的也加入到互联网中，在 2015 年左右，行业里形成了一股传统媒体人向互联网大迁徙的潮流，先后有包括马东、陈伟、郑蔚、王平、王晓晖等传统广电的媒体人加盟互联网，其中，王晓晖更是从央广副台长的职位上跳入新媒体，王平则是从湖南广电副台长的职位离开转市加盟新媒体，因而受到了很大的关注。

人才的流失是这一时期电视平台面临的一大问题，一方面是越来越开放的平台；一方面则是人才的流失以及对平台空心化的担忧，如何解决这样的困境成为大部分广电媒体面临的难题。但总体来讲，开放平台、制播分离和市场化发展则是一种必然且不可逆的趋势。

表 5-5　这一时期跳出体制的媒体人

人物	原平台	去向
王平	原湖南广播电视台副台长	加盟视频网站
谢涤葵	湖南卫视，原《爸爸去哪儿》总导演	创业
廖珂	湖南卫视，原《花儿与少年》总导演	创业
易骅	原湖南卫视著名导演、深圳卫视副总监	创业
李炜	原湖南卫视制作人	创业
龚立波	原江苏卫视副总监、广告部主任	创业
王培杰	原江苏卫视副总监、项目部主任	创业
夏陈安	原浙江卫视总监	加盟上市公司
陈伟	原浙江卫视节目部副主任	加盟视频网站
岑俊义	原浙江卫视《奔跑吧兄弟》总导演	创业
哈文、李咏	原央视著名导演/主持人	创业
马东	原央视著名主持人	创业
郑蔚	原央视经济频道副总监	加盟视频网站
王晓晖	原央广副台长	加盟视频网站

（二）市场机遇和风险并存，行业加速洗牌

综艺节目的市场化发展带来了这一产业本身的繁荣发展，使其在短期内得到了强劲的发展动力，无论是产量还是样态综艺节目在这一时期实现了前所未有的高速增长。市场本身的发展也为身处其中的参与者带来了更多的机会，一些团队和个人在其中也实现了迅速的成长。

但是也应该看到，在这一时期极速的市场化发展过程中，也出现了资本化带来的非理性发展的现象，在表面繁荣之下实际上存在着不少泡沫化的现象。综艺节目产量每年都在极速增长，2014 年以后每年都有数百部综艺节目登陆电视荧屏，但真正优质的节目却凤毛麟角；高速发展的综艺行业却显现出人才严重不足的现象；而在资本泡沫化的催动下，综艺行业进入了对大明星和模式节目的无节制疯狂追逐，反而失去了内容创作的根本，而收视率造假等问题也在这一时期大量涌现，对综艺产业根本上造成戕害；真正专注于内容的公司越来越少，并且真正有能力在市场上立足和长远发展的公司也非常少，行业进入加速洗牌的过程。

资本和市场化为综艺节目带来了发展的机遇和动力，让综艺节目的生产进入大投入时代，这对于精品化内容的制作有一定的助推作用，但被资本催熟的中国

电视综艺产业却也很快陷入非理性发展的境地。

首先，就是产量过大与产能不足的矛盾，2014 年开始，中国电视综艺每年都有超过数百部上档或者计划上档，但真正优质的节目却只占其中一小部分，中国观众每天被各类综艺节目轰炸，但还是感觉缺少好的节目内容，数量的提升并没有带来整体质量上的提升。中国电视综艺产业迅速发展，但生产力却没有跟上发展的速度，呈现出生产力整体不足的状况。

其次，资本的催动，让快速变现成为很多团队和公司的必然选择，因此很多节目在没有完全得到有效论证的前提下就匆忙上档，制作水准差强人意，很多甚至违背了节目生产传播的规律。例如对大明星的无节制的狂热追求，明星成为说服打动广告商的有力武器，却并不是从节目本身出发去挑选嘉宾，同时也助长了明星价格在这一时期的疯长，明星动辄数千万甚至上亿的片酬费用，也成为很多节目不能承受之重，减少制作成本成为一些节目的一种选择，也在戕害节目本身的内容品质。

再次，资本一定程度上也催动电视综艺节目的生产逐渐演变成了豪赌。电视平台为了降低风险，将广告招商的能力视为选择与社会化公司合作的一个重要条件，而为了快速获得广告商，制作方不惜花大价钱砸明星，真正对内容的关注越来越少，而为了满足广告商对收视率的需求，很多公司也开始大肆操作假收视率，收视率造假与明星天价片酬，逐渐成为综艺产业发展的两大毒瘤。而在这样的豪赌之下，真正获得观众认可的节目很少，真正获得市场认可的也在少数，风险也开始显现。

在资本和市场趋于理性之后，综艺节目的生产和制作也开始趋于冷静，市场必然经历一个大浪淘沙的过程，真正对内容有布局和耕耘的公司才有机会脱颖而出，而那些试图从中赚快钱的公司和个人也必然在大浪淘沙之中被淘汰整合掉，而这种淘汰和整合是多种因素作用下的结果，并且还在继续。

四、交流环境：从欧美到韩国、从开放到自主

21 世纪开始，中国电视综艺行业逐渐开始或主动或被动地被纳入世界电视产业发展的进程之中。特别是随着《中国好声音》《爸爸去哪儿》等引进的国外模式节目火爆荧屏，模式节目的价值开始被中国电视行业所重视，但随着发展的深入，逐渐演变成为一种对国外模式节目的盲目崇拜，市场和平台对国外模式节目的认可度较高，而综艺内容的创作者们也失去了自我研发创作的习惯和耐心，这不利于本土化的原创力量的培养和孕育。因此在这一时期，从政策层面对引进模式的限制和调控，就成为一个重要的发展特征。

（一）韩国模式形成潮流，从创意引进到深度合作

从2010年左右，中国电视开始尝试对国外模式节目的引进和打造，其中《中国达人秀》就是按照国外模式节目的工业化标准生产出来的作品，并且取得了很好的成绩，让人们看到，模式引进节目的能量，而这种能量，在《中国好声音》这档现象级节目上得到了最大限度的释放。

事实上，模式引进不光是创意的引进，还包括生产方式和制作理念的引进，对于彼时还处于手工作坊式的中国电视综艺的生产模式来说，模式引进带来的生产模式和创意理念有其积极的意义和价值，带来了工业化的制作方式，对中国电视整体生产力的提高有着积极的价值。

而从2013年开始，随着《我是歌手》《爸爸去哪儿》《奔跑吧兄弟》《极限挑战》等韩式节目的相继成功，韩国节目开始受到中国电视综艺市场的追捧，取代欧美节目发展成为一种潮流。这一时期里，韩国各大电视台已经出现和每年新创的节目几乎都被引进到中国，或者被创意复制。

表5-5　这一时期引进制作的韩国模式节目部分节选

节目名称	播出平台	引进自
《我是歌手》	湖南卫视	韩国MBC同名节目
《爸爸去哪儿》	湖南卫视	韩国MBC《爸爸，我们去哪儿》
《真正男子汉》	湖南卫视	韩国MBC《真正的男人》
《两天一夜》	四川/东方	韩国KBS同名节目
《奔跑吧兄弟》	浙江卫视	韩国SBS《*Running Man*》
《爸爸回来了》	浙江卫视	韩国KBS《超人回来了》
《世界青年说》	江苏卫视	韩国JTBC《非首脑会谈》
《我们相爱吧》	江苏卫视	韩国SBS《我们结婚吧》
《我们的法则》	安徽卫视	韩国SBS《金炳万的存林法则》
《拜托了冰箱》	腾讯视频	韩国JTBC同名节目
《我的中国星》	山东卫视	韩国SBS *Kpop Star*

与欧美模式节目强商品化属性不同的是，韩国模式节目的模式化程度较低，

也没有可复制的成体系化的 Bible，节目规则性和流程感较弱，以创意取胜。因此在与韩国节目合作的过程中，基本上以团队和人才的引进为主，双方之间进行深度合作而非简单的创意引进。例如《奔跑吧兄弟》前五期，从前期到后期基本上都是以韩国 SBS 节目的制作团队为主力，而在五期过后，浙江卫视团队出师，作为制作的主力。

事实上，在韩国节目最盛行的时期，中国电视综艺的很多节目制作团队里都有韩国团队的身影，多个著名制作人来华打拼，包括韩国 MBC 电视台艺能局局长金荣希离开自己所属的电视台，与中国制作公司成立合资公司，其首档在中国制作的原创节目《旋风孝子》也成为湖南卫视制作播出的第一档制播分离的节目。“跑男”韩国制片人曹晓镇也来到中国制作了原创节目《24 小时》等。由于大量制作人员来到中国发展，韩国舆论界一度对这种人才流失表达出担忧。

（二）模式引进受限，自主创新成必然

随着以韩国节目为代表的国外模式节目受到追捧，电视荧屏几乎被引进模式节目占据，鲜见优质的原创节目出现。欧美和韩国模式节目创意更迭的速度已经无法满足中国电视的需求，国外过去几十年积攒下来的模式被中国市场迅速消耗殆尽。在这样的背景之下，原创节目的生存发展空间自然受到挤压，中国电视的原创生产发展缓慢。为了解决这样的问题，从管理部门到行业本身也都在呼唤着中国自己的原创。

事实上，模式引进节目对中国电视创意和生产能力的提高确实发挥着积极的作用，但受到非理性追捧之后，必然也对中国自身的原创内容的培育产生戕害。而经过这一轮对模式节目的狂热追捧之后，中国电视综艺也确实到了必须原创的节点。

中国电视需要立足于自身文化，孕育属于自己的电视文化，并不是所有的引进模式都适用于中国电视和文化生态，原创从文化层面来讲是一种必然。同时，拥有自主知识产权的原创节目将为后续节目价值的开发奠定基础，这是原创从商业角度的一个动力。2016 年，灿星与荷兰版权方 Talpa 就《中国好声音》的版权产生纠纷，后者开出的版权费用是前者所不能承受的，因此双方合作破裂，灿星自己制作了原创版本《中国新歌声》，却被 Talpa 指控为侵权，这一事件让很多人再次意识到原创节目的必要性。

而从政策层面，限制模式引进与鼓励原创发展一直是这几年里调控管理的一个重要方向，通过对引进模式数量、方式等的限制，来鼓励原创节目的发展，尽管在当下，中国电视综艺领域仍然有大量模式节目存在，特别是网络视频的崛起，也成为推动引进模式发展的重要力量，但自主创新也成为共识和必然，随着中国电视综艺的进一步发展，市场趋于理性、生产力得到大幅提高之后，原创将成为电视综艺发展的主旋律。

本章小结： 进入2012年，随着《中国好声音》的火爆，不仅带动了歌唱类节目的回潮，而且开创了全新的电视综艺制播分离的模式，将这一行业带入了一个新的发展阶段。在这一阶段里，节目流行样态的更新速度越来越快，除歌唱类节目之外，《爸爸去哪儿》也带动了亲子类节目和韩式户外真人秀节目的热潮，《奔跑吧兄弟》则让韩式明星类真人秀节目成为这一时期的一种最主流的节目类型。与此同时，这一时期里也有一些其他节目类型的探索，如文化类节目与综艺元素嫁接而引发了一股文化类综艺的小热潮，原创喜剧综艺节目在这一时期里也受到观众的喜爱，颇具年轻化和互联网元素的偶像养成类节目也曾被大规模搬上荧屏，而因为是体育大年，体育类综艺也成为阶段性受到追捧的一种节目类型。

这一时期是电视综艺名副其实的爆发期，明星开始取代素人占领电视荧屏，综艺节目的数量激增，大投入大产出的季播节目成为标准配置，综艺节目的市场价值也得到了前所未有的释放，综艺节目动辄数十亿元的广告以及巨大的衍生开发价值让资本和市场趋之若鹜。在这一时期里社会化制作公司开始大量涌现，体制内的内容生产者开始离开电视台到市场上去打拼创业，综艺领域的制播分离成为一种大趋势，卫视播出的很多节目都是与社会化公司合作的结果。这一时期也是中国电视疯狂引进国外综艺节目模式的一个时期，从欧美到韩国，国外模式节目在短短几年的时间里几乎被消耗殆尽，而由于电视生态本身的变换，原创、联合研发等都开始了尝试探索，为未来中国电视原创的诞生奠定了基础。

这一时期中国电视综艺的发展，同样面临着复杂多元的生态环境，它们最终影响和决定了电视综艺的走向和面貌。首先就是面临的内外夹击之下的严峻的竞争环境，电视频道内部以及互联网的崛起都成为电视综艺发展的客观环境。政策在这一时期里依旧发挥了强大的作用，面对多种非理性发展的现象，主管单位多次出手进行调控和管理，对电视综艺的发展走向产生决定性的影响，这一时期里真人秀则成为重点调控对象，自主创新也成为政策鼓励的方向和关键词。这一时期里的另一个重要的生态环境因素就是资本开始对电视综艺给予青睐，让电视综艺制播进入了亿元时代，推动着电视综艺的制播分离的发展。然而市场机遇和风险并存，在疯狂发展之后，综艺行业本身也进入了极速的优胜劣汰和洗牌期。这一时期里，电视综艺对外引进的目光开始逐渐从欧美转向了韩国，韩国节目大量出现在电视荧屏上，然而引进节目在这一时期里受到严格的限制，自主创新成为被鼓励和引导的方向。

第六章　困境与博弈：中国电视综艺的现实与未来

中国电视综艺真正开始成长和发展也不过短短二十多年的时间，而这二十多年的时间恰恰是中国社会和中国电视发展变化最快的一个时期，中国电视综艺也在这样的环境和背景之下不断发展前进。从初创到成长再到发展和爆发，尽管经历的时间并不算漫长，但却经过了几个重要的发展时期，中国电视综艺实现了从幼小到逐渐成熟，从相对封闭到与国际接轨，从相对边缘到日渐主流的发展过程。

这二十多年，中国电视综艺完成了原始积累，从内容创意到生产能力都积淀了厚实的基础，数量、体量和质量都在一定程度上具备了参与国际竞争的实力。但是也要看到，在中国电视综艺发展的过程中，也长期伴随着一些短时期内无法摆脱掉的桎梏和困境，与体制机制、发展阶段以及各方面发展要素都有着紧密的关系。这些困境与桎梏都影响着中国电视综艺在当下的发展面貌，也必然关系到电视综艺在未来的发展走向。这些影响因素恰好是构成电视综艺发展的生态因素，如何突破和突围进而营造一个良好的发展生态，是中国电视综艺在当下面临的重要问题。

第一节　原创乏力困境与解困

中国电视综艺从诞生之日起就是在内生性和外部因素影响互动之下成长发展的，就有对中国本土的传统电视文艺样式的承袭，也有对域外电视综艺样态的借鉴与引进，特别是随着中国电视与世界电视市场接触的渠道越发通畅之后，这种与外部的互动愈加频繁，对中国电视综艺发展的影响也就越来越大。

90 年代开始，省级卫视为实现全国化的突围，大力布局综艺娱乐内容，这一阶段出现的明星游戏类节目从形态到内容设计上都受到了以台湾综艺为代表的港台综艺节目的影响。事实上，这一时期的许多电视综艺节目类型的背后都有港台综艺的影子。而在 90 年代后期，欧美电视综艺节目的模式和样态也开始进入中国电视人的视野之中，这一时期出现的一系列益智游戏类节目的创意和模式都来自于欧美国家，并进行了成功的本土化改造。

进入 21 世纪之后，电视综艺节目在制作过程中与外部的交流互动越发频繁，来自国外的大量的经典以及最新的节目模式被引入中国，中国开始被纳入世界电视市场之中，成为其中重要的一极。在 2010 年之前，中国对国外的电视节目模式基本还是以借鉴为主，真正引进模式版权的占比较少，而在 2010 年之后，中国电视行业开始大规模引进电视综艺的模式版权，借此西方电视的一些制作技术和经验也进入中国。而在 2013 年以后，韩国电视综艺节目模式以其创意性和文化上的贴近性而受到中国电视综艺行业的追捧，除了版权引进之外，双方之间也在人员和制作团队上有着深入的合作，几乎每个引发热议的爆款节目背后都能够在国外找到同类节目的身影。

从早期的港台到中期的欧美再到后期的韩日，到目前为止，中国电视综艺的模仿和引进大致经历了这样一个变迁的路线，在每一个阶段都有着不同的发展特征。从借鉴模仿到引进版权以及共同联合制作，也是中国电视综艺不断工业化发展的一个过程。

无论是早期的借鉴模仿还是后期的版权引进制作，客观来讲，对于中国电视从创意到制作的发展都产生了很大的推动作用，在阶段性意义上来讲，具有积极的一面。但是也应该看到，由于种种原因，中国电视对国外的模式逐渐产生了一种非理性化的依赖，原创的动力和能力不足，陷入原创乏力的困境，长此以往必然导致中国电视综艺不能得到更好的发展，唯有厘清这背后的原因，试图找到解决的办法，才能够为电视综艺更好的发展提供动力和支持。

一、港台、欧美、韩日：电视综艺模仿与引进路线变迁

从纵向上来考察，中国电视综艺与外部互动的过程也经历了一条自己的发展路线，从早期热衷于对港台综艺的模仿借鉴，到中期开始大量从欧美国家引进或

者借鉴模式节目，再到后来与韩国电视综艺互动交流频繁，这一路线伴随着的是中国社会的越发开放和中国电视综艺的不断成长，而每一个时期又有着不同的背景和特征。

真正意义上的电视综艺在中国起步于20世纪90年代初，综艺的概念在那个时期里确定形成，90年代初期的电视综艺基本还是以《综艺大观》类的日常化的综合性晚会的面貌呈现，是一种具有本土传承性的综艺节目样态。而这一时期兴盛一时的《正大综艺》已经开始了与外部的交流互动，不仅题材是以国外文化介绍为主，而且节目形态也参考了国外流行的益智类节目的样式，吸引着无数的观众收看。

90年代中期以后，随着社会的日益开放和电视改革的不断推进，港台流行文化在大陆越发地兴盛起来。在电视综艺领域，这种港台文化的影响也非常显著，不仅是港台明星成为大陆综艺节目中的常客，而以《快乐大本营》《欢乐总动员》为代表的明星游戏类综艺节目的兴起，也恰恰是受到港台电视文化影响的结果。

在日渐开放的社会文化背景之下，港台由于与大陆在地理和文化上的天然亲近性，港台文化自然是最早进入大陆的一批外域的流行文化。明星游戏类综艺节目恰恰是来自于港台的一种电视流行文化样本，特别是台湾综艺，对这一时期大陆电视综艺的影响是巨大的。这类明星游戏类综艺节目主要是以明星参与为主，但明星在节目中不再是简单地唱唱歌、跳跳舞或者表演个节目，而是以玩游戏为主要任务，节目最终呈现的也是这些游戏的过程。台湾的《超级星期天》《综艺大联盟》《龙虎兄弟》等都属于这一类节目的典型代表，而在中国大陆，当电视综艺开始兴起发展的时候，也自然地从这些台湾综艺中进行学习和借鉴。

当时兴起的游戏娱乐类节目从创意到具体的内容大部分都是从这种学习和借鉴中来，《快乐大本营》《欢乐总动员》《开心100》等当时热播的综艺节目很多环节上都进行了借鉴和引入。而以《玫瑰之约》等为代表的相亲交友类节目的创意也来自台湾的同类节目，如彼时台湾的《非常男女》等节目正在热播，因此受到大陆电视同行的关注。

这一时期对港台特别是台湾综艺的学习和借鉴具有历史的必然性，港台流行文化发展早于中国大陆，中国大陆此时的电视观众在综艺节目上的鉴赏经验也较少，有一点创新就很容易满足，因此港台综艺在这一时期里成为中国大陆电视的老师。而这一时期学习和借鉴的方式也比较简单原始，基本上都是直接的借鉴和拿来主义，通过对港台综艺节目的观摩来进行创意和环节设计策划的借鉴，这个时期也有一些台湾电视人来到中国大陆电视行业进行交流与合作，但这种情况并不算普遍。

进入20世纪，中国电视人的视野逐渐不再局限于港台了，欧美电视的流行样式也开始进入中国。在世纪末21世纪初，以《幸运52》《开心辞典》为代表的游戏益智类节目相继兴起，此类节目的创意和版权就来自于欧美同类的经典节目，《幸运52》来自益智节目*GoBingo*，《开心辞典》则来自著名的《谁想成为百万富翁》（*Who Wants to Be a Millionaire*）。益智游戏节目是欧美一种大的节目类型，往往以巨额奖励的设置刺激选手进而吸引观众，而《幸运52》和《开心辞典》在引入的时候都进行了恰当的本土化改造，摒弃了巨奖的设计，让节目在中国同样获得了成功。

从这一时期开始兴起的真人秀节目，同样启发了中国的电视创作者们，这一时期里，以《老大哥》《幸存者》为代表的西方真人秀节目也相继出现了中国版本，以《生存大挑战》《走入香格里拉》等为代表的生存挑战类节目就来自于《幸存者》这一模板，而《完美假期》则对应的是《老大哥》（法国版叫《阁楼男女》）。由于社会文化背景的差异以及在投入制作上的差距，这一时期进入中国的真人秀节目并没有获得很大的反响和成功。

到了2004年，随着以《美国偶像》为代表的选秀类节目开始全面兴起，中国的电视人敏锐地嗅到了这一最新的节目动态，打造出中国自己的选秀节目，以《超级女声》《快乐男声》等为代表的选秀节目在这一时期兴起，进而发展成为一种社会文化现象，选秀节目的兴起让草根化的大众娱乐开始正式占领荧屏。

2010年，东方卫视正式从国外模式公司引进制作了一档达人选秀类节目《中国达人秀》（*The Talent*），节目以很高的品质获得了观众的认可，也让很多人开始意识到引进模式节目带来的全新的生产方式，这种引进模式节目生产方式能量开始得到最大化的释放是在2012年的《中国好声音》，从荷兰的模式公司Talpa引进制作的*The Voice*，一经推出就成为一档全民关注的现象级节目。《中国好声音》的成功是多方面的因素促成的，但不可否认的是，版权引进带来的制作经验和制作方式，都对节目的成功起到了重要的作用。

这一时期里引进模式节目开始正式被中国的电视行业所探讨和关注，很多人开始意识到模式节目带来的价值和能量，于是都纷纷改变简单复制和借鉴的方式，转而与国外模式公司进行合作，进行模式和版权节目的引进制作，2012 年开始的这段时间是中国电视引进模式最盛的一个阶段，很大一部分的大型综艺节目都能够找到相应的国外版本，而一些国外的模式节目更是被制作成好几个版本，有的购买了模式版权，有的则并没有。而国外大量经典的以及未曾被注意到的节目模式都被引进到中国，每年新创的电视模式也往往被中国的电视人第一时间引进到国内，经过两三年的时间，国外节目模式几乎被中国电视行业消耗殆尽，剩下的基本上都是一些完全不适合中国社会文化的节目。

而到了 2013 年左右，随着《我是歌手》《爸爸去哪儿》《奔跑吧兄弟》等韩式节目的热播，韩国综艺节目又开始受到关注，这一时期开始，大量的韩式节目进入中国，除了韩式真人秀节目之外，韩国的一些脱口秀节目、喜剧节目、音乐类节目等都纷纷进入中国，韩国节目也在短期内被中国电视几乎消耗一空。值得注意的是，这一时期对韩国节目模式的引进，与以往对欧美国家的模式引进有所不同，由于韩国节目的模式感和商品化属性不强，但却有着自己独特的制作方式，因此这一时期的模式引进除了节目样态和创意的引进之外，还有制作方式以及制作人员的引进，很多韩式节目中都有韩国原版制作人员的参与，中韩双方的制作人员进行了深入的互动和交流。

随着韩国节目受到追捧，一些日本节目模式也开始受到关注，如《全员加速中》就来自于日本的《逃走中》，而《前往世界的尽头》也引进自日本的同名节目。但总体来讲，日本模式节目的关注度并不如韩国节目高。

可以看到，中国电视综艺在二十多年的发展历程中，对外的互动、交流与合作是一个长期存在的主题，这么多年来，电视综艺与外部因素进行交流互动的路线也不尽相同，从早期相对便利的港台综艺开始学起，到后来眼界进一步向欧美看齐，再到后来韩国综艺节目的大兴，每一次的模式引进视线的转移都伴随着中国电视综艺主流类型的转变。

不可否认，对国外节目的借鉴、引进和合作，是中国电视综艺发展过程中的一个必经阶段，任何事物的生长和发展都要经历一个浅层模仿和深层学习的过程，更何况，作为一种电视逐渐商品化的产物，电视综艺模式节目在国际的交流和贸易是一种再正常不过的市场行为，而中国电视从创意能力到生产能力都在这一过程中得到了提高，但是从中也可以看到，在这一过程中也存在着很大程度的非理性的现象，特别是近几年，由于资本的推动和综艺节目市场本身的发展，电视综艺的数量大增，更新换代的速度越来越快，大量引进国外节目成为这种速食时代的一种产物，这种一窝蜂的引进热潮，也引发了从主管单位到电视行业乃至观众的反弹和关注。

二、困境与解困：原创乏力亟待破局

从最初的学习、模仿与借鉴，到后期开始引进制作版权模式节目，从港台综艺到欧美模式，再到韩国模式节目受到追捧，中国电视综艺在这二十多年的发展时间里经历了一个不断向外学习与借鉴取经的过程，

对于任何一个国家的电视行业来说，在发展的初期对外部经验的吸纳是必不可少的，当下受到中国电视行业追捧的韩国综艺，在最初也是大量借鉴欧美和日本的电视综艺节目样态，逐渐发展起了具有自身特色的节目类型和内容生产体系。对于中国电视综艺来说，这种向外部的学习借鉴和引进是一种阶段性发展的必然，也可以看到，通过引进模式或者与国外团队的交流合作，中国电视综艺的创意水平、生产能力和制作水准都得到了相应的提高，中国电视综艺的生产开始摆脱小作坊式的生产模式而向着更加专业的工业化方向发展，《中国好声音》作为引进模式所带来的工业化的制作方式就曾引发广泛探讨，让人们看到精细化、工业化电视生产流程带来的能量。

然而对于当下的电视综艺来说，对于国外节目的引进和制作却达到了一种非理性和近乎疯狂的程度，从 2012 年左右开始，中国电视荧屏上出现的综艺节目，绝大部分背后都有版权节目的身影，它们或是被直接引进，或是被复制和借鉴，有的热门节目甚至在不同的渠道和平台上同时出现不同的版本，例如创意来自韩国《无限挑战》的节目，仅在 2016 年就出现了《极限挑战》《了不起的挑战》《挑战者联盟》三档，这样的例子还有很多。在很短的时间里，欧美和韩国积攒多年的节目模式几乎被中国电视消耗殆尽，而一些新出现的节目也迅速被引进制作或者复制出中国版本，成为电视产业发展中的一道奇观。而真正立足于中国本土而生发出来的原创节目则占比很少，在观众和市场中的反响也普遍一般。

中国电视综艺的这种对国外节目疯狂追逐的现状，实际上是由多方面的原因造成的：

首先，中国电视综艺爆发式发展，自有生产力却无法满足急速增长的电视产业需求。2012 年后，中国电视综艺的市场价值得到认可，电视综艺进入一个爆发期，节目数量和投入的体量越来越大，而生产能力的培养和壮大却是需要时间的，生产力在一时间还没有办法跟得上急速增长的电视产业的需求，创意能力不足、制作的人才和能力短缺，而经过国外市场检验的模式节目一定程度上具备了相当的成熟度。这些都让市场对于国外模式节目的认可度更高，并进一步导致了原创节目得不到市场的扶持。

其次，中国电视综艺进入快速发展期，速食和浮躁气息弥漫在整个产业环境当中，没有时间和耐心去培养孵化自己的原创节目。这几年，中国电视综艺更新换代速度非常快，竞争异常激烈，市场变换的速度非常快，创意和优秀节目的诞生是需要时间去打磨积累的，但急速变化的行业状况让参与其中的制作者们没有时间也没有耐心去培育自己的原创电视综艺模式，引进国外模式节目看上去是一种更便捷的道路。

再次，中国电视行业普遍对创意工作重视程度不高，也缺乏专门从事创意研发的人才队伍。从目前电视综艺的生产模式以及分配体系上来看，创意是其中并不受重视的一环，首先是人员不足，在很多团队和公司中并没有专门从事创意研发的团队和部门，即使有也相对比较边缘，与从事制作、广告等工作的人员相比，在价值回报上也得不到应有的待遇，这与中国电视制作和产业发展模式不是很成熟有着很大的关系，必然制约着原创节目的诞生和发展。

还有，目前中国电视产业相关的法律还不成熟，创意得不到尊重和保护，也制约了原创节目的创作和发展；在现实创作的过程中，创意遭剽窃和复制的现象时有发生，如 2016 年差不多同一时期出现的两档明星跨界喜剧节目《喜剧总动员》和《跨界喜剧王》就曾因创意雷同而引发口水战，就版权问题双方甚至对簿公堂。然而目前对于创意的保护机制并不完善，相关的法律和法规也并没有得到成熟的建设，这些都是原创乏力的重要因素所在。

然而对当下的电视综艺行业来说，已经发展到了一个原创的临界点，首先，国外模式已经被迅速消耗掉，国外节目创新的速度和频率已经没有办法满足中国电视产业发展的需求。其次，中国的电视生产者也开始意识到自有版权的重要性，一方面，模式版权是可供交易的产品，具有市场价值，也具有很高的品牌价值，围绕模式版权进行的一系列衍生开发也能够创造巨大的价值，因此培养自有版权也是电视产业发展的一种必然，是释放创意价值的一种必然；另一方面，与此相对应的是，不拥有自主版权，在进行本土化开发的时候也往往处于较为弱势的地步，不能够掌握更多的自主权，如 2016 年开始《中国好声音》的制作方灿星制作与原版权方 Talpa 之间的合作破裂，另一家影视公司唐德影视以高价买下节目 *The Voice* 的版权打算另起炉灶，灿星不接受这种坐地起价的方式于是放弃了这一版权，制作了自己的版本《中国新歌声》，尽管新节目在不少地方都做了改动，但 Talpa 依旧认为其侵害了自身的版权，双方之间就此事对簿公堂，一直到 2017 年这一版权纠纷还没有得到解决。再次，中国电视在经过这么多年的模式洗礼过后，从创作理念到创作方法上都有了很大进步，一定程度上具备了原创的可能性，特别是在政策加了对原创的鼓励和引进节目的限制之后，这种原创的紧迫性就显得更加强烈。

因此我们看到原创是中国电视综艺未来发展的一个必然的选择，无论从主动还是被动角度看都是如此，但中国电视综艺的原创之路确实还面临着一些桎梏和困难，要想实现原创，必须要冲破桎梏、克服困难，笔者认为，可以从以下几个方面去解困：

1. 提高中国本土内容生产能力，实现生产力与生产需求的平衡，对创意和节目制作规律有更多的把控。创意和制作能力的提高离不开生产能力的整体提高，而目前急速发展的电视行业，让生产力无法满足旺盛的生产需求，进而导致原创节目很多都无法得到市场认可，但随着市场回归理性以及中国电视生产能力的整体提高，相信原创能力也会随之提高。

2. 从各个环节入手，形成尊重创意、重视创意的意识和氛围，建立合理的市场分配机制，让创意工作得到应有的市场回报，各制作和传播主体建立相应的创意机制，孵化和培养自己的原创内容。通过舆论引导和市场引导，让行业核心层以及外围层的所有参与者开始形成对创意的尊重和认可，建立良性的鼓励创意的机制和生态。

3. 合理引导市场理性发展，调控综艺市场过热的倾向，只有将市场调整到一个相对理性的状态，才能够意识到创意生产能力才是内容产业发展前进的根本动力。

4. 引导广告客户、平台方对节目价值建立多元的评价体系，目前很多广告客户以及平台方在选择节目的时候基本上都以简单的明星效应或者是否为引进而作为参考的标准，通过各种方式引导广告商、平台方等参与决策的各方对节目价值建立更科学合理的评价标准，使其意识到内容本身才是节目有效传播的根本因素，进而形成鼓励创意和原创的市场环境。

5. 建立对创意的保护机制，从法律法规入手建立一套科学合理的创意保护体系，进而从法理或者行政手段上对创意进行保护，以此建立一个良性的、有利于创意生成的环境。创意保护机制是创意产生和发展的基础。

第二节　同质化困境与解困

中国电视综艺发展至今，面临的另外一个长期难以摆脱的现象便是发展过程中的同质化困境。事实上，从 90 年代后期开始，同质化现象就开始显现，卫视频道集中上星，全国市场逐渐成为竞争最为激烈的一个市场，而综艺节目在这一时期成为竞争的主要内容之一，随着一些热播的综艺类型和样态的出现与兴起，全国各个频道也开始了模仿跟随的路线，90 年代后期，大量以《快乐大本营》《欢乐总动员》为蓝本而出现的明星游戏类节目，就是这种跟随路线之下的一种结果。而到了 21 世纪，以《超级女声》为代表掀起的选秀类节目的浪潮也将中国电视置入了又一次大规模的同质化发展的泥淖之中，从 2005 年开始，全国各地各类平民选秀类节目开始占领荧屏，成为一道奇观，而后在激烈的竞争压力之下，一些节目开始剑走偏锋，低俗化内容与现象频出，最后不得不由广电总局强力调控才有所缓解。

而到了后期中国电视掀起了一轮轮热播节目的浪潮，基本上已经形成了一种发展的惯有路径：通常都是一档节目率先火爆，然后大量节目跟随，相关资源被迅速消耗，然后广电总局出手调控治理，然后再兴起另外一种新的节目类型，如此循环往复。此后的相亲交友类节目、歌唱类节目、亲子类节目、韩式户外真人秀节目等的发展无不沿袭了这样的发展路径。

中国电视发展过程中的同质化现象以综艺节目领域表现得更加明显，而造成这种局面的原因有很多种，频道、渠道繁多，竞争异常激烈；缺乏常态化稳定的创新力；市场非理性和浮躁等都导致了这种长期以来难以摆脱的同质化现象，同质化的负面效应是显而易见的，它造成了大量的资源浪费，节目类型得不到更好的开发就陷入疲态，大量劣质节目充斥其中，长此以往是不利于中国电视综艺的可持续发展的，因此同质化问题需要得到有效解决，这已经成为从管理部门到行业本身的一种普遍共识。

一、电视综艺陷同质化发展怪圈、同质化成长期摆脱不掉的泥淖

有关同质化的问题，无论是管理层、学界还是业界，都早有探讨，但这一现象却长久以来困扰着中国电视的发展，到目前依旧如此。同质化在电视综艺领域表现得更为明显，特别是近几年来综艺节目逐渐成为卫视竞争的主体，市场本身的火热更加剧了这种同质化发展的现象。

目前电视综艺领域陷入了某种发展的怪圈：一种节目类型兴起发展→大量同类节目跟随复制→资源被迅速消耗、观众陷入审美疲劳→非理性生产扩大化、大量劣质节目充斥荧屏→以广电总局为主体的主管单位出手管理整顿→一种新的节目类型出现兴起→再次陷入同质化发展。如此循环往复，仅 21 世纪以来就先后经历了数次如此的同质化发展的怪圈，特别是近两年来，由于电视综艺的急速发展，这种同质化怪圈轮回更迭的速度和频率越来越快。

90 年代，以《快乐大本营》为代表的明星游戏类综艺节目兴起，带动了大量同质化内容的出现。《欢乐总动员》《开心 100》《超级大赢家》等先后在这一时期里出现并兴起，成为电视荧屏上综艺节目的一种主流形态。

进入 21 世纪，第一轮电视节目热潮便是由《超级女声》带动的选秀类节目，从 2005 年左右开始，荧屏上大量充斥着选秀类节目的身影，占据着频道和观众的时间，“超女”掀起了 21 世纪第一场社会文化大讨论，其威力是巨大的，加上这一时期里各种媒体渠道的兴起，整个社会都被选秀热潮所包围，为了在激烈的同质化内容的竞争中突围，很多节目开始剑走偏锋，用低俗化的桥段和恶俗的炒作来达到吸引眼球的目的，让这类节目陷入了低俗化发展的境地，这一时期社会舆论开始对这种行为有所警惕和探讨，观众迅速陷入审美疲劳，而广电总局也先后大力出手，对选秀节目进行规范与整治，各方因素都导致了此类节目迅速衰落。

这一时期里兴起的情感故事类节目基本重复了这样的生命周期，大量情感类节目在这一时期集中上档，以《真情》《人间》《人生》《传奇故事》《爱情保卫战》等为代表的情感故事类节目占领荧屏，并迅速陷入了低俗化发展的境地，用低俗化话题和内容来达到吸引眼球的目的，进而受到了观众的反感以及广电总局的调控和管理，继而进入发展的衰退期。

接下来兴起的相亲交友类节目也遵循了这样的路线，《非诚勿扰》《我们约会吧》带动了大量同类节目的出现，《爱情连连看》《百里挑一》《称心如意》《缘来是你》《爱情来敲门》等先后上档。一时间人们一周七天几乎都被相亲交友节目轰炸，很快这类节目就因话题把控问题而受到调控，而长期存在的同质化内容也让观众快速进入审美疲劳期。

2012 年《中国好声音》的兴起又带动了歌唱类节目的复兴，大量引进自欧美和韩国的歌唱类节目在这一时期里上档，一时间满屏尽是歌唱类节目的身影，歌唱类节目的资源消耗更甚，包括选手、嘉宾等资源被重复开发，观众审美疲劳，而广电总局也对歌唱节目进行了史无前例的严格限制和调整，才让这类节目逐渐回归到理性发展的轨道。

2013 年《爸爸去哪儿》的火爆带动了韩式户外真人秀节目以及亲子类节目的热潮，这一时期里大量亲子节目先后上档，《人生第一次》《妈妈听我说》《爸爸回答吧》等大量亲子节目相继涌现，爸爸、妈妈成为热门元素。直到 2016 年年初，总局对未成年人参与的节目进行了史无前例的严格限制，这类节目开始逐渐淡出荧屏，有些节目开始转战网络。而 2014 年出现的《奔跑吧兄弟》则将韩式户外真人秀节目的热潮带到了一个新的高度。大量韩式户外真人秀节目以其他类型的节目都在这一时期出现，包括《极限挑战》《挑战者联盟》《真心英雄》《明星到我家》等节目相继出现占领荧屏，韩式真人秀节目成为中国电视综艺的主流模式，但观众很快厌倦了荧屏上明星打闹玩乐的游戏，期待新的节目类型的出现，总局在这一时期再次出手对真人秀节目进行更大力度的限制，也对引进节目和韩国元素进行了调控。

这一时期里，喜剧类节目也受到关注，以《笑傲江湖》《欢乐喜剧人》为代表的喜剧节目先后兴起并获得观众和市场的认可，尽管喜剧节目的复制门槛较高，但还是带动了一波喜剧节目的上档，包括《超级笑星》《我为喜剧狂》《喜剧总动员》《跨界喜剧王》等相继上档，喜剧资源也因此被迅速开发。

可以看到，同质化问题一直都伴随着中国电视综艺的发展，而到近年来因为综艺节目市场本身的火热，也让综艺节目同质化的现象和怪圈循环往复得频率更高更快，而同质化现象似乎是中国电视综艺短期内无法摆脱的泥淖。

二、同质化形成的原因及影响

中国电视的同质化现象是由历史、现实等多种原因造成的，而短期内无法摆脱掉同质化发展的桎梏也与这些原因有着密切的关系，同质化对中国电视综艺在当下和未来的发展有着深远的影响，厘清造成同质化的这些原因及其带来的影响，才是解决问题的出发点和基础。

而纵观历史和现实，形成同质化的原因是复杂的，总体来讲，主要包括以下几个方面：

1. 频道和渠道过剩，定位雷同、竞争激烈。世界上没有任何一个国家拥有像中国这么多的电视频道，四级办电视让电视频道的数量达到了一个空前大的数字，而在今年，随着网络视频的兴起，中国观众视频消费的渠道进一步拓展。中国仅上星频道就多达三十多个，而这些上星频道基本走得都是综合性频道的定位，在近几年又以娱乐类的综艺节目作为突围的主体。频道和渠道的过剩，必然导致激烈的竞争，无序竞争等非理性现象也由此诱发。选择跟随和复制对于频道发展来说已经成为一种战略和策略，也是更保险稳妥的一种方式。

2. 市场反应的滞后性推动大量同质化综艺内容的诞生。市场已经成为影响综艺节目发展的一个重要因素，市场的反应和反馈往往对综艺节目的发展走向起到很重要的作用，而就目前中国电视综艺的市场环境来说，真正对发展趋势有判断力和前瞻性的并不多，大部分还是在遵循着追热点的原则，一类节目兴起之后，资本和广告回馈各方面开始蜂拥而至，一定程度上导致了大量同质化综艺内容的出现，而市场反应的这种滞后性在短期内是没有办法得到解决的，这必将继续影响电视综艺的发展走向，并导致节目继续同质化。

3. 中国电视行业原创能力不足，对传播规律和观众、市场趋势判断不足。这是一些突破常规的新节目往往不能获得成功的一个原因所在，新创节目是需要对市场和观众乃至时代发展的趋势有准确判断的，如果缺乏这样的能力，自然没有办法生产出具有引领性的节目，跟随和复制是一种更保险的策略。

而这种长久以来的同质化现象对电视综艺的发展必然形成严重掣肘，影响电视综艺发展的良性生态的建设，总体来讲，同质化现象所带来的影响主要表现在：

1. 造成大量资源浪费，影响节目类型价值的最大化开发。一种类型兴起之后，大量同质化节目相继跟随复制，往往在短期内将节目本身的资源以及观众注意力和审美资源迅速消耗殆尽，此种类型的节目价值还没有得到最大化开发就陷入了疲态，很多节目类型经历了这样的发展过程，如歌唱类节目、亲子类节目、相亲类节目、明星真人秀节目等，这种一窝蜂的同质化现象实际上造成了大量的资源浪费。

2. 电视荧屏雷同单调，优质节目凤毛麟角。同质化内容的大量出现，让电视荧屏在短时间内被雷同的节目占领，同种节目类型的狂轰滥炸让观众迅速陷入审美疲劳，其中大量雷同节目的质量并不高，整体上良莠不齐，导致电视荧屏节目数量猛增但是整体上却乏善可陈，长此以往，观众自然会远离，也不利于良性的电视文化生态的建设。

3. 影响节目自主创新，陷入同质消耗。同质化现象必然是市场和行业对某种节目类型在短时间内的集中消费与消耗，这种非理性现象得不到改善，必然会限制对其他创新节目类型的开发，影响电视综艺节目的自主创新，同时让有限的资源陷入大量的同质化竞争之中，不利于电视综艺的长远发展。

三、同质化解困之道

可以看到，同质化已经成为中国电视发展过程中长期存在的困扰，在综艺领域这种同质化的现象表现得更加明显，而同质化现象也对中国电视综艺的发展产生很大的消极影响，长此以往必然会破坏电视综艺的良性发展和电视综艺生态的建设，因此如何解决同质化的问题，就成为主管部门、学界和行业共同面临的问题。

造成同质化的原因有很多，有些涉及根深蒂固的体制发展问题，在短期内没有办法去扭转，而目前对于同质化问题的解决，基本还主要依靠以国家新闻出版广电总局为代表的管理部门的调控，这是在当下的现实之下的一种必然的选择，并且也能够达到不俗的效果，但政策调控往往也具有后发性，行业需要的是一个更加良性发展的市场生态，而不是仅仅在事后通过政策调控去解决问题。而笔者认为，在当下的电视发展环境中，要想解决同质化问题，可从以下几个方面着手：

首先，频道改变综合性定位的路线，找到自己的特色和市场定位。既然中国众多电视频道的历史遗留问题在短时间内没有办法得到立竿见影式的解决，那么各频道改变发展定位和战略或许是当下改变同质化的一个比较现实的路径。事实上，频道的特色化或专业化发展在过往也有过尝试，但总体来讲并没有改变综合性频道定位的现状，我们看到的依旧是大面积的综合性频道占据着荧屏，争抢着有限的全国市场。随着卫视竞争马太效应的越发严重，卫视普遍的综合性市场定位在市场上将会越来越举步维艰，当下，唯有找到自己的特色定位和路线或许才有生存发展乃至突围的可能性，而这也是解决目前同质化问题的一个重要路径。

其次，通过各种方式将市场引导到一个良性发展的状态，建立更加理性科学的市场规则。市场的非理性和滞后性对于电视节目的同质化发挥了不可推卸的助推作用，根本原因还在于市场本身对于节目发展的规律和价值判断并不科学合理，导致对热点的盲目追逐，同时，热钱的大量涌入也导致节目数量猛增，资本对热点总是盲目且相对滞后的，让很多爆款节目成为被追逐的对象。只有通过市场自身以及行政等各方面手段对市场进行引导，使之达到一个相对理性的状态之后，对综艺节目的价值和发展取向有自己的判断力，才有可能让同质化问题得到一定程度的解决和缓解。

再次，各类机构和平台要有意识地培养自己的创意生产能力。既懂得市场发展规律，又对节目运转的规律有深刻的理解和认知，同时又拥有内容创意和生产的能力，只有拥有了足够多的此类人才和队伍，才能够对市场和节目发展规律有一个更加理性和科学的认知，制造出独具品牌价值的节目内容，推动同质化现象的解决。

第三节　市场化与行政化的博弈

在中国，广播电视媒体是党和国家的喉舌，这一属性和功能是不会动摇的，而随着媒介领域的改革和发展，广播电视的市场属性得到开发和释放，近两年，随着电视制播分离改革的不断推进，综艺因其更明显的市场化属性而成为制播分离改革的排头兵和重要组成部分，各类社会资本和社会化的团体和个人加入电视综艺市场领域当中，成为其中重要的参与者，也影响着电视综艺本身的发展走向，综艺节目的投资与制作显然已经成为文化产业投资领域异常活跃的一个组成部分。

但是无论市场如何走热，综艺节目的市场化和商品化属性如何释放，其作为主流媒体的属性和功能是不会更改的，因此在发展的过程中，往往是市场和媒体的双重属性在发生着作用，市场自身的发展往往伴随着行政手段的干预和引导，而这种市场化和行政化在两条腿走路的过程中伴随着合作、交融与角力、博弈，电视综艺要在未来走得更加坚实和健康，在这种博弈之中建立一个良性互动的关系，良性的市场生态加上高效的行政管理或许才是根本的发展之道。

一、双重属性与多重博弈

中国的广播电视体制与世界上很多国家都有所不同，既不是纯粹意义上的公共化的媒体如BBC，也不是商业化的电视如ITV、NBC、CBS等，而是在国有体制下的主流媒体，党和政府的喉舌是电视媒体的首要功能。与此同时，由于我国推行的国有经济和事业单位改革，广电媒体一直以来也在进行着自身的改革，部分的市场化发展就是改革中的一个重要组成部分。因此，中国的广电媒体就天然地带上了双重属性，主流媒体的属性与市场属性并行，让广电媒体具有自己的独特特征。

近年来，随着娱乐经济的爆发式增长和广电自身的改革发展，广播电视媒体也成为娱乐经济领域的一个重要阵地，以电视剧、电视综艺等为代表的娱乐化内容就承担起了娱乐经济发展和广电媒体市场化发展的排头兵作用。近两年来，随着综艺领域制播分离改革的实践，综艺内容的市场价值得到极大的释放，一些现象级的综艺节目吸引着数以亿计的电视观众，引领着社会话题的走向，其超过十亿的市场价值回报也让资本和市场嗅到了商机，纷纷开始进入这一领域，但是在这一过程中，行政手段的调控这只看得见的手也一直在发挥着作用，并且随着市场发展得愈加火热，行政手段表现得愈加密集和频繁，对市场本身的发展起着决定性的作用。

2007 年开始，广电总局先后对选秀类节目、7 类娱乐类节目、相亲交友类节目、歌唱类节目、亲子类节目、引进类节目等先后进行调控和引导，而每一次的限制和调控都对综艺节目的发展走向产生巨大的影响，几乎改变了市场的走向和取向。而市场本身也在自发地和在行政手段的引导调控之下进行着发展，这种双重属性的角力和博弈成为中国电视综艺发展过程中的一个显著特征。事实上，在这双重属性之下，管理部门、资本、平台方、制作方以及参与各方都在进行着多重的博弈。

事实上，市场化助推了电视综艺的发展，资本的进入让大体量和大制作成为可能，进而提升着中国电视综艺整体的制作水准和质量，但也要看到市场本身也存在不少非理性的现象，长久下来也会对综艺节目的发展产生戕害。目前市场的这种盲目和非理性已经产生了一些负面效应：

1. 市场的过热和非理性发展导致电视综艺的同质化发展，由于资本和市场对热点内容的追捧，导致大量的资源被投入同类节目的制作当中，造成了大量的资源浪费，电视综艺产量大增的同时却没有带来内容的丰富，而其中也掺杂着大量的低质的产品。事实上，广电总局历年来的调控政策主要是针对这一现象来进行的，目的是丰富电视荧屏，让电视市场进入相对理性的发展状态。

2. 对国外模式节目的追捧，不利于培养自身具有价值的原创节目。特别是从 2010 年开始，几档引进模式节目的成功带动了模式引进节目的热潮，自此从欧美到韩国，中国电视综艺开始大规模引进之路，国外模式节目在短短几年内被消耗殆尽，尽管模式引进本身是一种市场行为，也对中国电视综艺节目创意和生产能力的发展带来不小的积极作用，但盲目的追捧，势必对市场本身以及中国电视自身的原创能力的培养造成戕害。因此，这几年行政上的干预和调控很大一部分也是针对这种引进模式热的。

3. 市场评价体系和生态环境出现问题，让收视率造假等问题日渐严重，影响了电视综艺的健康发展。收视率造假已经成为电视领域发展的一大积弊，近两年随着电视综艺领域中资本的进入和对赌模式的盛行，收视率造假的问题也严重困扰着电视综艺的发展。收视率造假问题来源于扭曲的市场价值回报体系，收视率成为广告市场的硬通货甚至是唯一的标准，因此为了经济利益，一些制作主体不惜通过收视率造假来达到广告商和平台方的要求，进而实现经济回报，而一些播出平台为了在收视率上和广告回报上有一个更好的结果，也在或主动或被动地维持着这样的造假生态，一些广告代理公司为了维持自己的利益也在推动着这样的一个造假行为。收视率造假带来的消极影响是显而易见的，节目本身的传播规律和观众的审美需求成为最不受到重视的一环，只要有了收视率就能获得广告进而节目就能上档播出，这样的结果就是大量劣质节目的出现，并且产生一种劣币驱逐良币的现象。收视率造假是扭曲的市场化发展带来的一大积弊，如果得不到根治，必然会影响电视综艺整个的发展走向。

4. 对明星盲目追捧，明星天价片酬影响市场良性发展。近两年随着明星真人秀节目的热播，此类节目开始受到市场的追捧，大量此类节目同时上档，争抢明星被一些节目当作了竞争的主要手段，一些广告主和平台方对于节目的判断也主要来自于明星，实际上这是市场非理性发展的又一个结果，明星受追捧，导致明星片酬大幅增长，动辄几千万的参与价格让很多节目拿出了投入的大部分去邀请明星，进而影响到节目本身的制作品质，实际上是一种扭曲的市场生态导致的。

对于这些市场发展过程中出现的问题，在我国基本上还是由政府主管部门出面调控。市场与行政手段之间的交互与博弈成为一个主要的特征，而这种博弈将多方因素牵扯进来，形成一种独具特色的中国式电视综艺发展路径和方式。

二、博弈之下：良性市场生态与高效行政管理相结合是必由之路

可以看到，双重属性和多重博弈是中国电视综艺发展过程中的一个重要的特征，对整体的走向产生至关重要的影响，也是独具中国特色的一种发展路线，在目前的媒体体制和发展环境之下，这种双重属性和多重博弈的状况短期内不会发生更改和变化。因此如何让两种属性更好地交互融合并行不悖，以更好地引导电视综艺的发展就成为一个至关重要的问题。

而纵观整个电视综艺市场的发展，市场的过热和非理性发展是一种常态，由

此而导致的许多问题又基本上都是通过主管部门的调控来实现本该由市场完成的自我的平衡和进化。行政手段的调控和管理往往具有后发性，基本上还是以事后管理为主，同样也存在着极大的管理难度，管理的力度、手段和方式都影响着最终的效果。

实际上，双重属性和多重博弈之下，最理想的状态是努力达成双方的良性互动发展，最终的目的是让市场朝着良性的方向去发展。一方面，通过多种方式让市场自身去建立一个良性的发展生态，例如引导正确的市场价值评价取向、建立全新的内容评估标准、建立行业协会等进行协调发展等，增强市场自身调整和进化的能力；另一方面，行政手段要以引导市场良性发展为主，提高管理的能力和水平，建立相关的法律和法规以及常态化机制，营造一个既宽松又能够有所调控的环境。唯有二者进行有效结合，才能让电视综艺厘清发展的属性和边界，让电视更加明确自身的功能和定位，让市场朝着更有序而健康的方向发展。

第四节 大众化与精英化的博弈

电视从诞生之初起，由于其属性和渠道的关系，客观上讲并不是一种真正意义上的大众文化载体。它作为主导文化传播的一个重要通道，既是喉舌也是传声筒，这种状况一直持续到20世纪80年代，随着“文革”的结束、改革开放的到来，以及社会经济的发展，电视开始逐渐走进寻常百姓家中，而这一时期的电视文化的主导者们却带有明显的精英文化的属性，他们对于电视本体的创作规律和传播规律进行了一系列的探索，这一时期的电视剧、电视文艺节目都产生了大量优秀的探索实践的案例，而这些实践和案例都往往带有精英文化的属性，它们承袭自电影、文学或者其他艺术样态的精华与属性，带有明显的个人化的烙印，同时在艺术表现手段和思想内核上追求深度的探求或者思辨，精英主导电视文化是这一时期的重要特征。

而后进入90年代，社会经济进一步发展，社会文化生活也日渐开放，电视制作的方式和理念也逐渐开始受到外来文化的影响，电视的娱乐功能开始得到释放，电视不再是人们接受教育或是进行艺术鉴赏的渠道，而是释放压力、获得简单娱乐的重要方式。“欢乐”开始公开地被纳入节目的核心属性和功能当中去，草根娱乐开始登堂入室。这种电视文化的草根化从“超女”开始被极大地释放，草根和平民开始登上电视荧屏，成为电视的绝对主角，电视成为大众狂欢的最佳场所，草根占领荧屏让精英文化倍感焦虑和惶恐，进而引发出21世纪的第一场社会文化的大讨论，这场大讨论的本质实际上就是失落的精英文化对强势崛起的大众文化的一种讨伐，但现实就是电视的大众化已经成为一种必然的趋势，特别是随着市场化和商品化属性的进一步开掘，更助推着这种大众属性的巩固和加强。

精英文化的失落与大众文化的崛起，这是中国电视文化属性在当代变迁发展的一个重要的特征，并且一直延续至今，电视已经成为大众文化的一种载体，这到如今已经成为一种共识。然而精英文化与大众文化以及一直伴随左右的主导文化在发展的过程中一直处于博弈的状态，或合作或对抗。在电视综艺领域这种精英文化与大众文化的博弈同样表现得特别明显，对抗与妥协成为伴随着整个电视综艺发展历程的关键词。大众文化在取得压倒性胜利的同时，也要看到随着社会文化的逐渐多元化以及渠道技术的不断发展，精英文化在电视中的复兴、蓬勃与发展也不是没有可能，电视文化的多元化发展是一种必然，电视综艺多元化的审美取向也是一种可以预见的趋势。

一、大众的崛起与精英的失落

大众文化占据主流是如今电视文化属性的一个主要特征，其中以电视综艺最具代表性，它代表了最为大众化的草根娱乐的方式，是人们获取娱乐的最重要的渠道和路径，是电视娱乐功能的最主要的承载者。然而这种大众文化全面崛起的现象是从90年代后期才开始的，并且在21世纪逐渐一步步地发展深化，在20世纪90年代前半叶以及90年代之前，电视则并不是大众文化在占据主导，相反，精英文化在这一时期里愉悦地找到了自己的一片天地。

在电视的初创时期，毫无疑问电视中的主导文化占据着绝对且唯一的地位，电视承担着党和国家宣传的重要功能。此时的电视荧屏中也有电视文艺类节目的出现，人们也乐于观看这些文艺类的内容，但显然这段时间里的电视文艺不可能成为主流，而其内容和内涵也是与主导文化息息相关，电视在当时从普及度上来说也并不属于大众的范畴。

到了80年代，“文革”结束万物复苏，电视本身也得到了极大的发展，这一时期里电视的本体化探索不断，创造出众多颇具中国特色的电视艺术作品，在电视文艺领域，一系列带有精英化属性的节目样态被制作播出，电视成为精英文化自我表达和向外传播的重要场所，这一时期里涌现的一系列的电视艺术片，成为电视的这种精英化取向的最典型和集中的代表，电视的信息、教育、审美等功能在这一时期里占据着主导的作用。

90年代开始，大众娱乐逐渐兴起，这一取向也开始影响电视本身的创作，从90年代后半期开始以《快乐大本营》《欢乐总动员》为代表的综艺娱乐节目开始受到广泛的欢迎，这种带有明显的大众化审美取向的综艺节目的兴盛，预示着大众文化在电视中的崛起。而到了21世纪，以《超级女声》为代表的选秀类节目的全面崛起则让大众草根开始全面登陆电视荧屏，电视成为草根娱乐和平民造星的场所，从参与者到审美取向全面大众化，精英连同他们背后的文化感受到了不可避免的失落。这一时期里出现的有关电视文化的大论战，实际上就是失落的精英文化对崛起的大众文化的一种反击，对自身的一种捍卫，“超女”引发的21世纪的第一场社会文化的大讨论实际上就是精英文化与草根文化博弈对抗的一种结果。

然而电视的大众化属性不仅没有被削弱，反而逐步得到了增强，其中又以电视综艺的崛起和发展为最典型的代表，电视的娱乐化属性和功能占据了主导地位，随着电视综艺节目的商品化和市场化属性的进一步开发，这种大众化的属性得到了进一步的助推和增强。盈利和产业链化的运营，让电视成为一种可供开发的商品，最大范围地被接受就成为重要的目标，娱乐经济的运行法则注定让电视综艺变成一种大众消费的产品，而不是精英进行自我表达的载体，而这种大众化的娱乐属性在很长一段时间里又恰恰契合了广大受众的审美需求，是对在上一时期里大众话语和大众娱乐严重失落的一种反哺，其崛起发展具有某种必然性。

可以看到，无论是草根造星的电视选秀还是明星平民化的真人秀节目，其本质都是以大众审美和取向来对内容进行组织、表达、传播的。如今作为商品而被开发的电视综艺娱乐节目，更是从策划到创作再到销售发行和传播营销的产业链上的各个端口都在体现着这种大众化的目标和审美取向。

值得注意的是，主导文化在电视发展的过程中始终贯穿在其中发挥着重要的作用，以或者隐蔽或者显现的方式对电视文化的总体走向进行着把控和引导，尽管在21世纪之后的电视综艺领域里，大众文化看上去是一种更显性的文化，但并不意味着精英文化的彻底消失，也并不意味着主导文化的无所作为，事实上，主导文化在这一过程中一直伴随左右，从对综艺节目频繁的引导调控就可以看出，主导文化的这种力量所在。

二、博弈中的对抗、妥协与合作、共生

以电视综艺为代表的大众文化的崛起发展是这一时期电视文化领域的重要特征，而在整个电视综艺的发展过程中，精英文化、大众文化之间的博弈贯穿始终，博弈的过程则是有对抗也有妥协，总体来讲，电视作为大众文化的特性开始占据了上风和主流。

电视作为一种大众媒介，具有复合多元的功能和价值，其中信息、教育、审美、娱乐是最主要的四大功能。电视一直以来都在发挥着信息的功能，并曾一度发展成为人们获取信息的最主要的渠道，近年来随着各种新兴的信息渠道的崛起，电视的信息功能得到一定程度的消解，但其主流媒体的地位和责任依旧存在，权威性不可抹灭。电视的教育和审美功能在精英文化主导的时代里占据着主流的地位，这一时期里出现的大量电视作品的主要目的也是发挥这样的功能和作用。而在大众文化崛起的时期里，娱乐功能则发挥出更为显著的作用，电视成为人们获取娱乐的一个重要路径。

事实上，这几种功能在如今的电视荧屏上依旧是共存的状态，只是在不同的节目类型之中所占比重不同，对电视综艺来说，其主要承担着娱乐的功能，但如果说所有的电视综艺都一味地在追求着简单的娱乐功能，也是有失偏颇的，可以看到，在一些电视综艺节目中，也有对社会现实的观照和人性人情的思考和呈现，让普通人在其中获得自我观照和对社会现实的思考，这些特质也一定程度上成为这些娱乐化的综艺节目获得关注和认可的基础。

而在电视发展的过程中，精英文化和大众文化一直都是一种对抗和妥协的状态，包括主导文化也参与其中，以达到一种相对平衡的状态。目前来看，看上去大众文化似乎逐渐占据了主流，但是随着社会的发展，价值和审美的多元化取向已经显现出一些苗头，在未来更是会成为一种必然，随着人们社会生活水平的提高，以及娱乐方式和渠道的增多，审美价值的多元取向将成为一种必然的趋势，人们不再满足于简单肤浅的娱乐方式，而是需要更多元化的娱乐内容，除了娱乐节目嫁接更多的人文思考，一些颇具精英属性的节目类型在近期也开始出现，并且受到不少群体的欢迎，只要能够找到合适的方式，与大众化的方式进行嫁接和融合，相信精英文化也会在各种渠道中实现回归，这是电视价值多元化发展的一种必然。

本章小结：中国电视综艺真正的发展历程虽然并不算长，但却跟随着中国社会和中国电视的发展变迁经过了一个极速成长变化时期，在这一过程中，中国电视综艺从初创到成长再到发展和爆发经历了一个快速的发展时期，如今已经进入了相当成熟的发展阶段，并且成为世界电视发展领域极其活跃的一个组成部分。但也要看到，在这一发展过程中，中国电视也面临着一系列的困境和博弈，一些困境和困难到如今依旧伴随左右，如果得不到有效的解决和突破，必然会影响中国电视综艺的可持续发展。可以看到，目前中国电视综艺领域中，原创乏力是其面临的一个主要的困境，中国电视综艺一直以来都在与外域因素的互动之中实现自身的发展，而这种互动在近年来更是发展到了非理性的状态，引进类节目占据了中国的电视荧屏，客观来讲，引进节目对中国电视综艺的创意和生产制作能力的提升是带来很大的助推作用的，但是非理性、无节制的引进必然会对中国电视综艺的原创之路造成戕害，而种种因素也表明，电视综艺在当下已经到了不得不原创的节点，因此如何走出原创乏力的困境，就成为一个重要的问题。同样，同质化问题也是中国电视综艺发展面临的一个长期的问题，由于种种历史和现实的原因，中国电视综艺陷入长期的同质化发展的怪圈而不能自拔，同质化造成大量的资源浪费，也不利于良好的电视生态的构建，让电视综艺陷入一片虚假繁荣之中，因此打破同质化发展的怪圈也成为一个非常紧迫的问题。中国电视的历史现实决定了其市场化和主流媒体的双重属性，因此这双重属性在发展的过程中就一直在进行着多重的博弈，在可预见的未来，这种双重属性和多重博弈的状态还会一直延续下去，唯有将良性的市场生态和高效的行政管理相结合才是发展的必由之路。而大众文化与精英文化的博弈也是以电视综艺为代表的电视文化领域的一个重要特征，在发展过程中，精英文化逐渐走向衰落，大众文化不断崛起，但随着社会价值的多元化取向和渠道的多元化布局，未来，精英文化也会重新找到自己的渠道和领地，大众文化与精英文化的对抗、妥协与合作、共生必将成为一种趋势，电视文化的多元化取向是一种必然。

结　论

在本文的研究范畴和视野当中，“综艺”这一概念既不指某种特定的节目类型，也不局限在某一特定的历史时期，更不囿于电视内容本体本身，而是从历史的、发展的、多角度和多维度的视角去审视和研究“综艺”这一主题。作为本文研究对象的“电视综艺”，是一个具有历史发展性的概念，在不同的时期有着不同的内涵和外延，到如今已经被约定俗成地泛指那些在电视新闻、电视剧、纪实类节目之外的带有娱乐属性的节目类型，这种带有历史发展性的、约定俗成的“综艺节目”正是本文研究的对象。

宏观与微观相结合是本文试图去实现的研究方法，在全面梳理和总结电视综艺发展历程的同时，对其中的重要节点、坐标性的作品和事件、背后的原因和动力、发展过程中遇到的困难和症结等进行较为详细的分析和研究，以探究到电视综艺发展过程中出现的现象背后的本质和更深层次动力，为电视综艺的当下现实和未来发展提供视野、思路和动力，这些都是本文研究的主要目的，也是论文本身的价值所在。

本文认为，电视综艺的概念从20世纪90年代初期开始确立，而“综艺”这一名称的来源主要受到了港台翻译的影响，在随后的近三十年的时间里，电视综艺逐渐从诞生到成长、从发展到爆发，经历了数次的发展和变革，到如今，综艺节目已经成为电视荧屏中的主流节目类型，也成为与人们社会生活密切相关的大众文化载体，也是娱乐经济和文化产业的重要引擎和推动力。

基于此，本文将电视综艺的发展历史共分为五个大的阶段进行论述：第一个时期是准备期，也就是真正意义上的电视综艺诞生之前的三十多年时间，从1958年电视诞生到1989年80年代的尾声，中国电视经历了一个曲折发展的时期，中间伴随着艰苦创业期以及“文革”的摧残，再到80年代的复苏发展和探索，都为电视综艺在20世纪90年代以来的诞生和发展奠定了基础、做足了准备。第二个阶段，本文认为是90年代上半叶，电视综艺的诞生和起步期，从1990年到1996年，这几年的时间里，现代意义上的电视综艺在中国正式诞生，并且得到了迅速的发展，电视综艺从一开始就以相当成熟的面貌登上了历史舞台，而在这一时期里央视作为电视综艺探索的主要阵地，为行业和观众贡献了不少优质的综艺节目，这些都为电视综艺后续的发展提供了本体探索和积淀，为90年代后期电视综艺进入成长期提供了充足的动力。

时间进入1997年，明星游戏类节目大量进驻荧屏，成为电视综艺在这一时期里的主流节目类型，也将电视综艺的发展推入了第三个时期：成长期（1997~2002年）。省级频道在这一时期里相继上星，综艺节目对于其争夺全国市场来说，是一种有力的武器。湖南卫视在这一时期里凭借着几档代表性综艺节目的推出而成功实现突围，立足于农业大省却在电视媒体上实现了娱乐化突围，这无形中为省级卫视的发展带来了启发和路径，以综艺节目为代表的娱乐化内容受到重视，开始成为卫视品牌突围的关键。这一时期里，央视依旧是电视综艺节目探索的重要阵地，相继推出的有代表性的益智类节目获得了观众的追捧，这种受到西方主流电视节目影响的节目类型找到了它在中国本土安身立命的方式。同样受到西方电视潮流的影响，真人秀节目在这一时期也开始出现在中国的电视荧屏上，但多少显得有些水土不服。

从国际流行节目类型中汲取灵感，让湖南卫视在2004年找到了一种极具大众基础的节目类型——平民选秀节目，一炮而红，引发了全民关注，并且成功引发了21世纪第一场社会文化大讨论，这场大讨论的焦点在综艺节目领域，可见综艺节目自身的能量及其逐渐主流化的地位。从2004年到2011年，本文将这一时期归结为电视综艺的发展期。在这一时期里，选秀节目经历了一个从爆发、泛滥到逐渐式微的过程，而在后选秀时代里，包括才艺选拔、情感故事、脱口秀、一些服务类综艺节目以及相亲交友类节目等开始相继出现并引发关注。总体来讲，这一时期的电视荧屏是平民素人的天下，他们是电视综艺中的绝对主角，他们的才华与梦想、故事与遭遇都被电视加以呈现，满足着电视机前的人们的各种需求。精英文化失落和大众文化崛起，是这一时期里电视综艺带动的社会文化走向的一个重要特征。这一时期电视综艺的商业价值和市场化价值也一定程度上得到了释放，而行政管理和政策在这一时期里发挥出具有决定性的力量。

进入2012年，随着市场化和制播分离改革的进一步推进，电视综艺进入了一个全新的爆发期，这一时期里，歌唱类节目、亲子类节目、韩式户外真人秀节目、明星真人秀节目相继诞生并成为电视荧屏的绝对主角。大投入、大产出是这一时期里电视综艺节目的主要特征，电视综艺跨入亿元大关，电视综艺数量和产量呈几何式增长，明星取代素人成为这一时期电视综艺的主角。电视综艺助推电视平台之间竞争的马太效应越来越严重，互联网等新兴媒体渠道也将综艺节目作为了竞争的主力之一。电视综艺的商业价值得到极大释放，制播分离进一步推进，让电视综艺生产力和生产模式都发生了极大的变化。但爆发背后也有一些隐忧，资本的进入让电视综艺在发展过程中出现一些非理性的现象，同质化跟风严重、对国外模式节目的盲目崇拜、收视率造假、明星高片酬等都成为这一时期里综艺节目发展过程中的必须突破的症结。

在对电视综艺各个阶段的发展状况以及背后动力因素进行研究之后，本文也基于电视综艺发展的历史和现实，对电视综艺节目发展的困境和博弈进行了分析，指出同质化的困境、原创乏力的困境是当下电视综艺发展面临的两个亟待解决的问题，基于历史和现实，本文也对如何解困的话题试图给出了一些答案。而市场化与行政化的博弈、大众化与精英化的博弈也是当今电视综艺发展中面临的现实问题，如何找到几方之间的平衡点和最好的互动方式，为电视综艺的发展提供一个良好的生态，是问题的重中之重，本文也给出了一些建议和解答。

史论研究往往面临着两方面的局限，一是对稍有年代一些的资料的全面占优并不易得而给历史的还原带来困难。另一方面则是发展过程中的事件和现象过于繁杂而无法做到面面俱到，尽管电视综艺的发展历史并不算长，但是对电视综艺的史论研究的过程中依旧遇到了上述两个问题。为了克服这些困难，本文在研究的过程中一方面去尽可能地占优更多的资料，通过文字和影像等多方面的渠道去更好地还原历史现实，并在此基础上得出自己的分析和结论。另一方面在研究和写作的过程中尽量从海量资料和火热的发展现实中找出具有代表性和线索性的事件和节点，对其进行深入的分析、梳理和总结、研究，通过以点带面的方式去还原历史及其背后的动力以及面临的症结。

在未来的工作中，还会继续沿着这一课题研究下去，以更加深入、全面、细致的视角和方式去还原历史、指导现实、预见未来。

参考文献

1. 黄会林等．电视艺术发展史教程．北京师范大学出版社，2006 年第一版，第 1 页
2. 徐昉洲，徐帆．电视节目类型学．浙江大学出版社，2006 年第一版，第 110 页
3. 陈志昂等．中国电视艺术通史．2004 年第一版，第 19 页
4. 高鑫，周文．电视艺术概论．北京广播学院出版社，第 3 页
5. 张凤铸，胡妙德，关玲．中国当代广播电视文艺学．中国传媒大学出版社，2004 年第一版，第 61 页
6. 郭镇之．中国电视史．中国人民大学出版社，1991 年，第 19 页
7. 尹鸿，冉儒学，陈虹．娱乐旋风：认识电视真人秀．中国广播电视出版社，2006 年
8. 张凤铸．中国电视文艺学．北京广播学院出版社，1999 年
9. 赵玉明主编．中国广播电视通史．北京广播学院出版社，2004 年
10. 陆地主编．解析中国民营电视．复旦大学出版社，2005 年，第 132 页
11. 高鑫．电视艺术学．北京师范大学出版社，1998 年，第 11 页
12. 苗棣，毕啸南主编．解密真人秀——规则、模式与创作技巧，中国广播影视出版社，2015 年
13. 欧阳宏生主编．电视艺术学．陕西师范大学出版总社有限公司，2012 年
14. 【英】约翰 · B. 汤普森，高铦等译．凤凰出版传媒集团译林出版社，2012 年
15. 胡智锋，周建新．从“宣传品”、“作品”到“产品”——中国电视 50 年节目创新的三个发展阶段．《现代传播》，2008（04）：1-6

16. 徐天．中国新闻周刊．1962 年笑的晚会：那年的春晚，http：//www. 360doc. com/content/14/1103/08/4741021_ 422084705. shtml
17. 江来，杨颖．2016 年网络综艺行业年检报告．公众号“看电视”，2017 年 1 月 30 日，http：//mp. weixin. qq. com/s/aprEyya-FDVQ9gMCXZTpwA
18. 黄升民．媒介经营与产业化研究．北京广播学院出版社，1997 年
19. 胡智锋．中国电视观念论．北京师范大学出版社，2000 年
20. 刘习良．中国电视史．中国广播电视出版社，2007 年
21. 耿文婷．春节联欢晚会的理性省思．文艺研究，2003（3）
22. 钟敬文．建立中国民俗学派．黑龙江教育出版社，1999 年
23. 苗棣，徐晓蕾．西方电视节目样式引进的本土化问题，和而不同——全球化视野中的影视新格局——第三届中国影视高层论坛论文集，2004（11）
24. 朱羽君，殷乐．减压阀：电视娱乐节目——电视节目形态研究之一．现代传播，2001（1）
25. 曾鸿，戴巧玲．泛真人秀时代的中国电视娱乐节目．当代电视，2008（1）
26. 【美】约翰·菲克斯．电视文化．商务印书馆，2005 年
27. 易前良．电视节目同质化现象的理论透视．电视研究，2006（4）
28. 尹鸿．解读真人秀．今传媒，2005（7）
29. 尹鸿，冉儒学．泛真人秀的电视时代——电视真人秀流行中国．中国电影报，2005（4）
30. 尹鸿，陆宏，冉儒学．电视真人秀的节目元素分析．现代传播，2005（5）
31. 胡正荣等．21 世纪初我国大众传媒发展战略研究．中国广播电视出版社，2007 年
32. 黎瑞刚．颠覆电视．青年记者，2007（5）
33. 赖黎捷，李林容．三十年“春晚”轨迹．传媒观察，2013（3）
34. 王亚芹．文化记忆中的影像符码——解读春晚三十年．电影评介，2012（4）
35. 戴锦华．隐形书写：90 年代中国文化研究．江苏人民出版社，1999 年
36. 鲍德里亚著，刘成富、全志刚译．消费社会．南京大学出版社，2000 年
37. 莫里斯·哈布瓦赫著，毕然、郭金华译．论集体记忆．上海人民出版社，2002 年

38. 孙竹．《快乐大本营》的市场之道．新闻天地，2009（7）
39. 米莉．电视综艺节目《正大综艺》的观念变迁和发展。电视研究，2016（9）
40. 成锦艳．从审美走向娱乐——以《正大综艺》为例看综艺节目的娱乐化流变．今传媒，2013（4）
41. 萧盈盈．中国综艺节目的观念变迁及文化批判．中国广播电视学刊，2007（5）
42. 汪炳文．且话《快乐大本营》．当代电视，1998（9）
43. 陆地．我国省级上星频道节目浅析．电视研究，1998（4）
44. 罗姣姣．文化类节目的创新路径研究．南方电视学刊，2014（2）
45. 张凤铸，陈立强．一种节目范式的解析：从《快乐大本营》说起．电视研究，2004（4）
46. 【英】大卫·麦克奎恩著，苗棣等译．理解电视．华夏出版社，2003 年
47. 【英】安吉拉·默克罗比著，田晓菲译．后现代主义与大众文化．中央编译出版社，2001 年
48. 张同道．解析“快乐旋风”——综艺栏目的模式与走向．中国电视，2000（2）
49. 宋蕾．民营电视节目机构——从边缘向中心挺进．视听界，2007（1）
50. 陆地主编．解密中国民营电视．复旦大学出版社，2005 年
51. 周亭．中国电视娱乐产业研究．复旦大学博士论文，2007 年
52. 吴湘韩．“湖南电视现象”探秘．新闻采编，2000（1）
53. 戴文柳．“内容为王”的喜与忧——解析中国民营电视公司的发展现状．现代视听，2007（7）
54. 周建青，姚婉湘．论境外资本进入对我国民营电视节目制作公司的影响．市场望，2005（5）
55. 周建青．民营公司面临重新洗牌．传媒观察，2005（5）
56. 方方．解析国内的“真人秀”——兼评《生存大挑战》节目．中国广播电视学刊，2004（3）
57. 李民．我国真人秀电视节目刍议与反思．中国电视，2015（11）
58. 姜卫玲．电视“真人秀”的冷思考．传媒观察，2004（3）

59. 谢耘耕．真人秀节目理论形态和创新．复旦大学出版社，2007 年
60. 曲晓燕．新媒体兴起内容提供商的春天来了？2005 年 3 月 25 日
61. 黄也平，车东妮．综艺节目制播分离的可行性与路径．新闻界，2013（2）
62. 邵培仁，潘洪辉．走出电视娱乐节目庸俗化的困境．光明网，2006 年 2 月 10 日
63. 中国报告网．2012~2016 年中国综艺节目产业竞争格局及发展趋势研究报告，http：//baogao. china baogao. com/wentiyule/130320130320. html
64. 王甫，吴丰军．由内而外：制作社会化的必由之路．中国广播电视学刊，2004（5）
65. 吕焕斌（现任湖南广播电视台党委书记、台长）．留给未来的历史拼图．《湖南电视 40 奶奶丛书——记忆》，http：//news. hunantv. com/x/f/20101228/360857_ 3. html
66. 国家广播电影电视总局发展改革研究中心．2006 年中国广播影视发展报告（广电蓝皮书），2006 年 4 月版，第 256 页
67. “火”过第三年，成熟的“超女”更美丽．红网，http：//www. mgtv. com/huodong/2006supergirls/news2098. htm
68. 高鑫．《超级女声》：电视本体理念的思考．现代传播，2006（6）：57~61
69. “超级女声”背后的文化悖论．瞭望东方周刊，2006 年 5 月 31 日，http：//ent. sina. com. cn/y/2006-05-31/16031104430. html
70. 金珠，张华立，张勇，王鹏．从《超级女声》的融合传播看娱乐经济的产业之路——对湖南娱乐频道总监张华立、天娱公司老总王鹏等的访谈．视听界，2006（2）
71. 刘自雄．透视电视娱乐的文化“母题”与叙述策略——《超级女声》的叙事话语分析．新闻大学，2005（12）
72. 郑宇曦，刘燕．一个成功的娱乐产品——《超级女声》节目运营解析．新闻知识，2005（10）
73. 中国传媒大学传播心理研究所研究小组．流行娱乐节目收视心理研究——以“超级女声”的实证分析为例．广播电视学刊，2007（2）
74. 向志强．媒介产业链的整合与延伸——以《超级女声》为研究案例．新闻知

识，2016（10）

75. 罗小萍．费斯克理论与《超级女声》．冲突·融合：新闻传播与社会发展——中国新闻传播国际论坛论文集，2005（11）
76. 苏华．看“超级女声”的营销之路．现代营销（学苑版），2005（8）
77. 黄琍．剖析超级女声运作模式现代营销（学苑版），2005（8）
78. 孙隽．思路决定出路——2005蒙牛酸酸乳与湖南卫视《超级女声》合作纪实．大市场·广告导报，2005（3）
79. 禹建强．转战新领域：2005民营传媒公司走向，2006（1）
80. 尹磊．情感类节目的叙事结构．视听界，2014（19）
81. 钱斌，韩可．电视情感类节目如何避免低俗化．当代电视，2007（4）
82. 时统宇．讲故事，撑起中国电视半壁江山．青年记者，2008（10）
83. 张奕．警惕情感类电视节目的庸俗化——剖析上海情感类电视节目的故事化风潮．东南大学学报（哲学社会科学版），2008（12）
84. 廖圣清，申琦．电视相亲节目的创新与发展——受众分析的视角．当代传播，2010（9）
85. 齐辉，王翠荣．电视交友类节目：多一点文化自觉．新闻战线，2010（8）
86. 贺敏．从《玫瑰之约》到《非诚勿扰》——国内相亲节目的现状解析．视听，2011（8）
87. 张玲．当求职沦为一场相亲秀——反思当下中国电视职场类真人秀节目．当代电视
88. 尹鸿．改革拐点上的中国电视．今传媒，2010（9）
89. 尹鸿，于煜．我国电视节目同质化的产业机制症结．解放军艺术学院学报，2011（3）
90. 李岚．电视求职类节目同质化中的差异性竞争．浙江传媒学院学报，2012（8）
91. 徐帆．娱乐专业主义：基于《中国好声音》的解读．南方电视学刊，2012（10）
92. 罗姣姣．试论引进节目对社会意识形态建构之影响．南方电视学刊，2014（8）

93. 宋任智．从《爸爸去哪儿》看电视节目本土化．新闻世界，2014（2）
94. 钟新，刘丫．社会示范：《爸爸去哪儿》节目的核心价值．新闻与写作，2013（12）
95. 罗姣姣．韩国真人秀节目的“真实性”．中国电视，2014（7）
96. 朱穆．电视媒介中娱乐节目价值倡导的积极转型——《爸爸去哪儿》成功背后的思考．当代电视，2014（1）
97. 柳聪．由《爸爸去哪儿》看湖南卫视的差异化运作．新闻传播，2014（4）
98. 俞杭英．《奔跑吧兄弟》：做出中国味道．中国广播电视学刊，2015（8）
99. 谢毅，马虹．电视节目用户思维运营模式探析——以《奔跑吧兄弟》为例．电视研究，2016（7）
100. 张萍．故事·话语·叙述交流：《奔跑吧，兄弟》的叙事学分析．中国电视，2016（6）
101. 曾嵩伟．真人秀类节目的现状与发展．中国广播电视学刊，2016（6）
102. 李溪慧．奇观、窥视、亲子——对真人秀节目《爸爸去哪儿》的文化思考．当代电视，2014（12）
103. 罗姣姣．平民化与社会性——明星真人秀的叙事原则与内核，2014（12）
104. 张斯琦．引进类真人秀节目的本土表达．中国电视，2015（6）